好妈妈不打不骂培养好孩子

墨墨◎著

应急管理出版社

·北京·

图书在版编目（CIP）数据

好妈妈不打不骂培养好孩子/墨墨著．－－北京：应急管理出版社，2019
ISBN 978－7－5020－7637－5

Ⅰ．①好… Ⅱ．①墨… Ⅲ．①家庭教育 Ⅳ．①G78

中国版本图书馆 CIP 数据核字（2019）第 149207 号

好妈妈不打不骂培养好孩子

著　　者	墨　墨
责任编辑	孙　婷
封面设计	吕佳奇
出版发行	应急管理出版社（北京市朝阳区芍药居 35 号　100029）
电　　话	010－84657898（总编室）　010－84657880（读者服务部）
网　　址	www.cciph.com.cn
印　　刷	玉田县昊达印刷有限公司
经　　销	全国新华书店
开　　本	880mm×1230mm$^1/_{32}$　印张　6　字数　180 千字
版　　次	2019 年 8 月第 1 版　2019 年 8 月第 1 次印刷
社内编号	20192196　　　　　　　定价　29.80 元

版权所有　违者必究

本书如有缺页、倒页、脱页等质量问题，本社负责调换，电话:010－84657880

前言
Preface

每个孩子都是不同的,具有明显的性格差异,他们有的天生精力旺盛,喜欢挑战和冒险;有的急躁易怒,好奇心强;有的沉默寡言,不善与人交往;还有的破坏性强,耐性差,却渴望早日独立……

由于受到传统教育观念的影响,妈妈们大多倾向于"棍棒底下出孝子"的教育方式,即打骂式教育。殊不知这种教育方式会带来很多弊端,打骂式教育看似改正了孩子的不良行为,但是却会给孩子的性格、心理造成深远的负面影响。打骂式教育环境下长大的孩子,要么自卑、胆小、做事没有主见;要么淘气、叛逆、脾气暴躁。

妈妈是孩子的第一任老师,比起打骂式的教育方式;用榜样的力量去帮助他们成长,才是妈妈们的正确选择。不打不骂一样能够教出优秀的孩子,首先,妈妈要学会与孩子正面沟通,只有进入孩子的内心世界,才能让他们在关怀和爱护中健康成长。其次,尊重是家庭教育的根本原则,妈妈们要做孩子的好朋友、倾听者,只有以理服人,才能为孩子创造一片快乐的天空。

对于妈妈们来讲，必须坚决抛弃"吼叫""打骂"式的教育方式，并克制自己的情绪，用理性和真诚的态度与孩子沟通，这样的交流方式，称为有效交流。通过有效交流，让孩子从心底意识到自己的不足，在充满鼓励和支持的氛围下不断地自我完善和成长。这样的教育方式，留给孩子的只有亲情和关爱，而不是负面的内心阴影，这对于亲子关系是非常重要的。

本书主要讲述了妈妈与孩子之间应该采取怎样的方式进行沟通和交流，在剖析的过程中，总结了教育孩子应该掌握的各种有效方法，这其中包括如何转变妈妈的思想，如何疏导孩子的心理问题，以及如何培养和提高孩子的各项能力等内容。此外，书中还精选了很多家教经典案例，希望读者能在案例中找到解决自身问题的方法。

作者

目 录
Contents

第 1 章 "爱"是说出来的，不是吼出来的

敞开心扉，向孩子诉说爱意 / 002

停止训斥，用爱谱写教育的篇章 / 006

大吼大叫的妈妈不可爱 / 011

孩子犯错不可怕，妈妈不问缘由才可怕 / 017

不是孩子爱哭，只是他们没办法 / 021

孩子喜欢搞破坏，搞清原因再处理 / 026

第 2 章 聆听心声，去理解孩子的叛逆

孩子为什么跟你没话说 / 032

倾听孩子的心声，做善于沟通的妈妈 / 037

孩子的顽皮并非都是故意 / 042

只要仔细，总能听出孩子的想法 / 046

总说套话的你太不真诚 / 051

给孩子属于自己的空间 / 055

第 3 章　给孩子的"暴脾气"降降温

棍棒底下永远出不了孝子 / 060

如何化解孩子的攻击性 / 064

赞扬驳斥都需要有度 / 068

不打不骂也能让孩子好好听话 / 072

温和是叛逆最好的解药 / 077

让孩子学会正确宣泄情绪 / 082

孩子有无理要求，你要会合理拒绝 / 087

第 4 章　情绪疏导，引导孩子说出心里话

每个孩子都会有心事 / 094

放下妈妈的架子，跟孩子交交心 / 098

做孩子最信任的知心人 / 103

如何提高与孩子的沟通质量 / 108

不懂循循善诱的妈妈不是好老师 / 112

孩子觉得平等，才会敞开心扉 / 116

孩子的焦虑，只有妈妈才能化解 / 120

第5章 提高自己，才有能力教育孩子

不要停止前进的步伐 / 126

没有无知的孩子，只有无知的妈妈 / 131

与孩子一起行万里路 / 136

你要做的是照亮孩子，而不是燃烧自己 / 140

高标准压垮的不仅是孩子，还有妈妈自己 / 144

紧张的夫妻关系将使孩子终身受害 / 149

第6章 面对挫折，教孩子学会坚强

孩子有自信，人生更辉煌 / 154

乐观的心态让孩子的人生充满阳光 / 159

让孩子从照顾别人中得到成长 / 164

离不开妈妈的孩子无法长大 / 168

让孩子明白挫折是上天给的礼物 / 173

没有超强的承受能力，怎么周游世界 / 177

只要坚持不懈，世界上就没有不可能 / 181

第1章

"爱"是说出来的，不是吼出来的

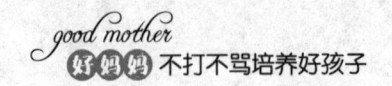

敞开心扉，向孩子诉说爱意

单身的时候，我们会把专注力全部投入到工作中，所得的收入除了日常花销还能有一些积蓄，仍可以不时地找些朋友看看电影、喝喝茶、逛逛商场、吃顿饭；但当步入婚姻殿堂以后，一个人变成了两个人，两个人又变成了三个人，自从生命中诞生了一个小孩，责任和使命也加重了。不知不觉我们开始节省身上的每一分钱，却希望孩子能吃得再好一点。你开始缩减和朋友喝茶逛街的时间，花更多的精力陪伴孩子。你开始精打细算，如何能够在还房贷的同时，为孩子储备一笔教育资金。而这一切，或许你很少会跟孩子提起，你认为这是母爱最无私的表现。

但作为孩子的避风港，又岂是那么容易当的呢？它意味着要承担更多的风雨。面对工作的焦虑、生活的压力，有时候我们不可能在承受这一切以后，还装作什么事情都没发生。曾经有一个朋友说，当有了孩子以后，自己真的会面对很多的无奈和焦虑。明明工作不顺心，却不能像以前一样潇洒地说换就换；

第1章
"爱"是说出来的,不是吼出来的

明明上班的时候已经焦头烂额,但下班以后还要装作什么事情也没发生,买菜、做饭、给孩子讲故事;明明生活上与丈夫出现意见不统一,却还要在孩子面前装作若无其事,为孩子保持家庭的和平安定,感觉越活越没有自己。尽管知道这是自己必定要付出的代价,但每每想起,还是会感到少许的伤感。有时候半夜睡不着,就会想起曾经一个人时的美好时光,便任凭眼泪从眼角划过脸颊。作为孩子的妈妈,真的不是一件容易的事,而要想兼顾工作和家庭,做到里外一把好手,不管你怎么选择,都会成为付出最多的那一个。所以,当我们情绪失落却不知道向谁诉说的时候,心里的委屈就会不断地积攒,时间长了很容易影响心理健康。

假如这个时候孩子瞪着大大的眼睛问"妈妈,你怎么了"的时候,你应该如何面对呢?

一天,小雨在一边玩玩具,忽然听到钥匙开门的声音,妈妈走进家门,当她开开心心地去迎门的时候,却看到妈妈的眼睛红红的。

小雨:"妈妈,你怎么了?你哭了?"

妈妈:"没有,妈妈没事,不用你管,去玩吧。"

但小雨并没有离开,关心地问:"妈妈,谁欺负你了?告诉我。"

妈妈:"哎呀,不是跟你说了吗,不用你管,妈妈想静一静,不要烦我。"

看着妈妈一脸不耐烦的样子，小雨委屈地低下头："哼，人家是关心你，以后再也不会管你的事儿了。"说罢自己又坐回到玩具堆里。

事后才了解到，原来小雨的妈妈在工作中出了点小问题，领导当众批评了她，所以心里很不舒服，坐车回家的路上越想越委屈，就哭红了眼。

从事情的原因来看，小雨妈妈的事情确实与小雨无关，而小雨妈妈的做法或许很多家长在自己心情不好的时候都会采取同样的方式，觉得孩子还小，不应该让他知道外面那么多残酷的事情，再说就算告诉他，又能解决什么问题呢？

可是你有没有想过，假如这个时候盲目地把孩子推开，会对他的心理和意识造成怎样的影响呢？假如有一天孩子真的对你的喜怒哀乐不闻不问，漠不关心，你真的就不会因此感到一点失落吗？假如你真的让孩子养成了在你难过的时候置之不理、闪到一旁的习惯，那等到我们日渐衰老的时候他又会以怎样的态度来对待我们呢？小小的一个举动，却灌输给了孩子非常不好的信息，一旦这种不良的意识被树立，后果是相当严重的。

其实，我们没有必要把什么事情都放在心里，尽管孩子还小，或许还不懂事，我们都应该对他敞开心扉，让他从小就能感受到自己最真实的一面。让他知道，妈妈不是各项全能，也有着

第1章 "爱"是说出来的，不是吼出来的

自己的失落与伤感，也要遭受挫败和历练。要让他知道为了能够给他营造一个天真美好的童年，妈妈要付出多少艰辛的努力，承担多少不为人知的风雨。假如他们能够知道这些，必然会在心里更加尊重自己的妈妈，对妈妈怀有感恩之心。

有一次遇到一个个子不高的孩子，跟他简单地聊了几句，就感受到了他妈妈的智慧。

"我妈妈说，其实有时候她并不开心，工作不顺的时候很头疼，真想不干了，但每次想到我，她还是会选择坚持。她身体并不好，但是为了我，还是硬着头皮去做饭打扫卫生。她工作很累，回到家本应好好休息，但还是希望能带我多出去玩，所以我的妈妈是个好妈妈。我要好好学习，变得强大，才能更好地照顾和保护她，不再让她做那么多自己不想做的事情……"

听完了这些话，你会不会感觉鼻子酸酸的呢？尽管孩子还小，竟能这么体谅妈妈！

假如你能告诉他你为他所做出的努力，假如你能够在交流时表露出自己柔弱的一面，假如你可以告诉孩子你的真实想法，相信他一定也可以用他的小脑袋认真地思考，并对你的伤感和劳累表示理解。这是一个敞开心扉的过程，它会让孩子觉得自己是妈妈足够信赖的伙伴，应该为妈妈分担一些力所能及的事情，而这正是孝道培养的第一步。

停止训斥，用爱谱写教育的篇章

在教育孩子方面，妈妈习惯了用"疾言厉色"来斥责孩子的错误，或者总是用训斥的语气来处理她看起来是在"瞎胡闹"的事情，但是却忽略了孩子的真正想法。他们不是为了胡闹而"胡闹"，或许是因为兴趣，或者是因为想要引起妈妈的注意。所以妈妈们千万不要再不管三七二十一，就用十分严厉的语气来斥责孩子。

有的妈妈会问："现在的孩子不听话，尤其是孩子特调皮，难道不训斥就会好吗？"妈妈们应该有过这样的经历，自己小时候最害怕的或许就是自己的爸爸，因为他们一生气，就会冲着自己大嚷，时不时地还会带上脏字，当时的自己是心惊胆战，往往会吓得站在墙根一动不动，甚至会连着很多天不敢靠近自己的爸爸。反过来讲，你如果对待自己的孩子也是整天训斥，那么自然可以想象到孩子的心情。如果妈妈总是斥责孩子，别说是孩子，就是大人也会失去信心，孩子如果从小就没了信心，

第1章 "爱"是说出来的，不是吼出来的

那么长大后还敢做什么事情呢？

当你的孩子调皮惹了祸，或是做错事情的时候，妈妈们可能会张口就来这么几句话："我上班累了一天，辛辛苦苦赚钱就是为了你，你还有事没事给我找麻烦，净惹事，养你有什么用？"说完这一套话，妈妈心中好像是出了气，觉得这样一来孩子就会知道妈妈有多么辛苦，就会乖乖地听话，就不会再跟小朋友打架，不会欺负班里的同学，不会将新买的汽车模型大卸八块……但是结果往往并非如此。

其实，孩子的童年里自然少不了闯祸的痕迹，他们不可能像洋娃娃一样，你把他放哪儿，他就在哪儿；你让他干什么，他就干什么。孩子从小的好奇心就很重，如果此时你总是严厉地斥责孩子，那么他们就会产生这样的想法，比如"妈妈骂了我，那我肯定做得不好了""今天惹妈妈生气了，以后只要是可能惹妈妈生气的事情我都不做了""我不可能变得像妈妈那么聪明"。于是慢慢地，孩子就会养成自暴自弃的性格。

明明的爸爸脾气温和，以前都是由他来辅导明明做功课。但最近明明的爸爸出差了，晚上只能由妈妈来检查他的作业了。明明一想到这个，心里就开始有些紧张，因为他的妈妈特别严厉，以前每次检查他的作业后，总是很生气，还不停地斥责明明的字写得不够好。

回到家之后，妈妈让明明写作业，她则一边看着明明，一

边无聊地翻着杂志。明明从开始写第一个字的时候,心里就开始紧张,不时地抬头看一眼妈妈。妈妈注意到了明明没有专心写作业,便说道:"看我干吗?认真写你的作业,写作业还这样三心二意,赶快写,写完了再吃饭。"明明害怕妈妈说自己写得太慢,所以就加快了速度。写得快了,数字就有些东倒西歪的。写完之后,明明低着头很小心地交给了妈妈。妈妈看到这堆写得歪歪扭扭的数字,气不打一处来,斥责道:"你写的都是什么呀?1不像1,2不像2的。你看看你写的6,都快成0了,在学校老师就是这样教你写的吗?"妈妈显然很生气,"你自己看看,你写的能不能交给老师?重新写,写不好今天晚上就别睡觉了。几个数字都写成这样……"妈妈斥责完感觉还是不解气,顺手将明明写好的作业撕了个粉碎。

明明看着自己辛辛苦苦写的作业变成了碎纸片,心里感觉很是委屈,泪水开始在眼眶打转儿。明明心想:"是你让我赶快写的,我写快了当然会写得有点儿歪,你不是让我重新写吗?我还写成这样,看你还撕不撕。"明明心中憋着口气,这次他故意写得很慢,但是也不认真写,妈妈做好饭之后,看明明还没有写完,只好叫明明先吃饭,明明也不理她,低着头还在写,妈妈也只能等着他。等明明写完已经晚上11点钟了,妈妈只好让他赶快吃饭休息。

在生活中,经常会看到有的妈妈与孩子产生很深的隔阂,

第1章 "爱"是说出来的，不是吼出来的

甚至孩子看到严厉的妈妈就像是老鼠遇到猫一样紧张。这样的孩子，知道是妈妈检查自己作业之后，他的心中首先产生的就是紧张的情绪，可见妈妈以往的训斥没有产生什么好的影响，反而给明明的内心造成了阴影。妈妈们应该明白，经常训斥孩子会出现两种不好的结果，一种是孩子越来越怕你，甚至害怕与你亲近，在以后的人生道路上，可能会变得胆小怕事，丧失信心；另一种可能会让孩子从小就变得叛逆，妈妈们越是不想让他们做的事情，他们就越会去做，跟妈妈较真儿和吵架便成了家常便饭。

面对犯了错误的孩子，妈妈应该这样来做：

1. 控制自己的情绪，先忽略孩子的错误

妈妈们多半是急性子，尤其是看到孩子不好好学习或者是惹祸之后，往往会气得暴跳如雷。千万不要这样做，不要让孩子看出你生气了，因为这样孩子会产生紧张的情绪，不但不利于你的教育，反而会让母子产生隔阂。此时，妈妈们不妨忽略孩子犯错的结果，先了解孩子犯错的原因，这样才更有利于问题的解决。

2. 转换教育风格，用赞扬代替斥责

妈妈们不妨在孩子犯错之后，从另一个方面来找到孩子的优点，然后进行夸赞，这样孩子自然会在心灵上放松对你的戒

备感，同时，也会感觉到自己原来是能够做好事情的。如果这个时候妈妈只是一味斥责，往往会让孩子感觉到自卑。

3. 就事论事，用平等探讨的方式来教育

等到孩子心情不再紧张的时候，再和他平等地谈论这件事情。需要注意的是，谈论时要就事论事，千万不要翻旧账，由这次的错误牵连到上次的错误。妈妈们要用平和的语言来跟孩子探讨他们所犯的错误，千万不要唱独角戏。

每个孩子的性格里本身就带着勇敢，在小时候这种性格其实表现得最为明显，这也就印证了"初生牛犊不怕虎"这句话，正是因为他们对这个世界上的很多事情还不知道或者是不清楚，所以孩子会想要用自己的双手去探知，这时难免会做出一些妈妈们认为是不可理解的事情，甚至是会搞些破坏，但是很多妈妈为了让孩子摆脱"调皮"的状态，经常会用训斥的方式来教育孩子，最终很可能会因此磨灭孩子的勇敢天性，让他们变得懦弱。

大吼大叫的妈妈不可爱

孩子天生具有很强的好奇心，尤其是小孩子，他们会在看到妈妈做些事情的时候，很好奇地去模仿，目的就是要探寻究竟。同时，孩子从小就爱当妈妈的小帮手，当孩子看到妈妈累了一天回家之后还在洗衣做饭、忙碌不停的时候，他们会想帮妈妈做一些事情。但是，孩子毕竟是孩子，他们怎么可能会像妈妈那样，那么顺利地就做好想要做的事情呢？于是，他们犯错的概率也就增加了。妈妈们经常会说"孩子天生调皮，不喊不行"，认为孩子最拿手的就是给自己捣乱，因此，这种只有"喊"才能够管理好自家孩子的观念就像是小草一样，在妈妈的内心成长起来，这种教育模式似乎已经被妈妈们采用。

现在的社会本身就具有很浓厚的教育气息，不管是在幼儿园还是从儿童节目中，孩子们都会听到妈妈很累，还要照顾我们，给我们做好吃的，给我们洗脏衣服之类的话语，所以孩子们应该学会帮妈妈做些事情，分担妈妈的家务活。因此，孩子们会产生帮妈妈做事情，甚至是要照顾妈妈的想法。于是，孩子会在看到妈妈辛苦做家务的时候，从高高的冰箱上层拿水果，却因为自己个子矮，打碎了水果盘；他们想要帮妈妈洗碗筷，却因为自己的小手没有力气，再加上碗筷光滑，不小心打碎了一连串的盘子……

此时此刻，妈妈们工作了一天，回家之后还要洗衣做饭做家务，看到孩子又闯了祸，心中自然冒火，便会冲着孩子吼道："你没看到妈妈正在忙着吗？等会儿吃水果不行啊？现在可好，水果盘子都被你打碎了，水果还怎么吃啊？"或者是看到孩子打碎盘子还会气愤地嚷道："我的小祖宗，谁让你来厨房捣乱的。我工作一天，回来还得伺候你们爷儿俩，你可好，不好好在客厅待着，跑厨房摔起了盘子，就是我每天拼老命地赚钱，也经不住你这么摔呀。"

虽然孩子调皮，但是也没有调皮到故意惹父母生气的地步。孩子只不过是想要显示下自己的"本领"而已。当孩子看到妈妈忙死忙活地做着家务的时候，他们只不过是想要做一次"好孩子"，想要在妈妈面前表现一次，想要看到妈妈的微笑，然后听到妈妈的表扬而已。他们的出发点本来是好的，只是因为自己的能力不够，从而将好事变成了坏事，弄巧成拙了而已。妈妈看到孩子闯祸之后，要先耐着性子，把事情的前因后果思量清楚。这时孩子的情绪也已经变得紧张，你千万不要再用叫

第1章 "爱"是说出来的，不是吼出来的

嚷的方式来增加孩子的恐怖感与紧张感，否则可能会打击孩子的自信心，让他们不敢再勇敢地去做事情。

娟娟拿着小勺往嘴里扒拉着米粒，低着头一声不吭，吃着吃着，终于忍不住，眼泪一滴滴地掉到了小手上。因为娟娟不小心打碎了果盘，把妈妈饭前买的草莓都弄到了地上，妈妈因为这件事情吼了她一通。娟娟越想越委屈，终于控制不住自己的情绪，大哭了起来。妈妈见到她这种情况，又疾言厉色地喊道："你还有脸哭啊？刚才的事情不是你犯的错吗？你要是不犯错，妈妈会冲你嚷吗？"娟娟哽咽地说道："妈妈，我不是故意的……"娟娟用小手擦了擦眼泪继续说道，"我只是想要洗水果给妈妈吃，妈妈那么累还要做家务……我没有故意打碎水果盘。"

这个时候娟娟的妈妈才意识到原来自己错怪了孩子，本以为娟娟是调皮才打碎水果盘的，心中也懊悔不已。接下来的一段时间里，她发现娟娟做什么事情都很胆小，也不敢主动地去做能做的事情了。

一个星期天，娟娟不小心将小鱼缸摔碎了，里面的几条小金鱼在地上乱跳。妈妈见到这种情况，没有急于责怪娟娟，而是迅速地将地上的金鱼放进了浴盆里，放上了水。她让娟娟和鱼儿玩会儿，见到娟娟心情不再因为摔碎小鱼缸而紧张与害怕的时候，才问娟娟怎么会去拿小鱼缸，娟娟说："我看妈妈每个周末都会给小鱼换水，我想学着给小鱼换水，但是……"当

妈妈明白了原因之后，不但没有责备娟娟，反而夸奖娟娟懂事，知道帮妈妈做家务了。随后，她告诉娟娟："像这样的事情应该是妈妈做的，娟娟还小，小手还没有力气。等娟娟再大些，手就会像妈妈一样有力气，到时候就能够给小鱼换水了。"

孩子很多时候看似是调皮捣蛋，其实只是因为他们开始懂事了而已。例子中的小娟娟就是因为太想要帮助妈妈做事情，想要得到妈妈的夸奖，才会不小心摔碎了果盘，但是妈妈刚开始并没有问清楚原因便嚷了娟娟，于是便造成了娟娟胆小的性格。在鱼缸的事件中，妈妈的做法则有助于孩子养成勇敢的性格。你应该先肯定孩子做这件事情的出发点是正确的，给其赞扬和鼓励，然后再告诉孩子以后要怎么做才能够避免出现错误，这样才能让孩子在认清事物的同时，形成勇敢与负责的性格。

生活中，面对孩子的错误，妈妈要如何教育孩子呢？

1. 先控制自己的情绪，安抚孩子恐慌的心灵

孩子不小心犯了错误，妈妈肯定会十分着急。但是，这时还是先控制一下自己气愤的情绪吧，因为犯错的孩子更是害怕和紧张，毕竟孩子的心灵是十分脆弱的，妈妈在这个时候还是要先想办法让孩子摆脱恐慌与紧张的情绪，让孩子心情平静下来。妈妈们可以将孩子抱起，也可以用一些温柔的话语来安慰孩子。总之，不要只顾着生气，而忽视孩子的恐慌，给孩子造

第1章 "爱"是说出来的，不是吼出来的

成心灵的阴影。

2. 帮助孩子意识到错误，并引导与鼓励孩子

当孩子的情绪平静下来时，妈妈们要做的就是在轻松的环境中，耐心地跟孩子分析他犯错的原因，从而告诉孩子道理，比如说鼓励孩子借助外力，告诉他因为他还小，很多事情都可以让妈妈来做，当他长大了也会有很多事情是自己做不了的，到时候可以让朋友们帮助他去完成，并且鼓励孩子在困难面前要勇敢地去面对，不要害怕会犯错误，因为孩子更需要勇敢的性格。

3. 既然已经成为定局，不如发现错误所带来的快乐

如同例子中娟娟打碎鱼缸的事情，既然鱼缸已经碎了，不如让孩子拥有一次玩耍的机会。妈妈要懂得转化错误带来的影响，让孩子享受这种"错误"带来的快乐，这样更有利于消除孩子恐慌的情绪，也有利于妈妈们下一步的教育工作。

4. 教会孩子以后不再犯同样错误的方法

妈妈们在帮助孩子分析完犯错的原因之后，可以告诉他们怎样做才会避免犯同样的错误，比如说告诉孩子怎么拿鱼缸才不会因为手滑而将鱼缸摔碎，这些生活中的基本常识也是需要妈妈们细心去教授的。

妈妈们习惯了在看到孩子犯错误之后，不分青红皂白，一

阵狂吼，认为只有这样孩子才会不调皮捣乱，希望能够用自己的疾言厉色来教育孩子以后不要犯错误，但是结果只会让本来就紧张的孩子变得更加恐慌，甚至会越来越害怕和妈妈接近，生怕妈妈再次吼自己。

第 1 章
"爱"是说出来的，不是吼出来的

孩子犯错不可怕，妈妈不问缘由才可怕

很多孩子特别淘气，很多妈妈一听到孩子闯祸就会上火。最终造成了两种结果：一种是妈妈认为孩子闯祸成了一种惯性，再说什么也不管用，只能是棍棒对待；另一种是妈妈对孩子的闯祸产生恐惧，从而置之不理。当然，妈妈们应该弄清楚孩子闯祸的原因，这才是解决根本问题的关键。很多妈妈只要是听到自己孩子闯祸了，那么二话不说，直接上来就是一顿批评，最终使孩子慢慢地疏远自己，不愿意跟自己亲近，可见这样的教育方式显然无法达到好的效果。

妈妈们忙碌了一天，下班之后只想回家好好休息，但是很多时候孩子在学校调皮闯了祸，老师会直接将电话打给家长，将妈妈叫到学校"训斥"一番。本来妈妈工作就很累，还要因为孩子闯祸跟老师说一堆好话，回家之后往往会不管青红皂白，对孩子狂吼："你怎么这么不听话，你知道妈妈一天到晚有多累吗？上学不好好学习，就知道给妈妈闯祸，下次如果再让老师生气，我非打你的屁股不可。"这样的做法，往往会吓得孩子几天不敢和你说话。

聪明的妈妈当然知道，孩子闯祸必然存在原因，即孩子犯错的动机是什么？如果能够先问清动机，那么便能够选择适当的方式，避免孩子以后再闯同样的祸，还能够正确引导孩子的思想，何乐而不为呢？再说，哪个孩子在童年的时候没有闯过祸，哪个孩子童年的时候不曾调皮过？妈妈们在面对孩子闯祸的结果之后，问清原因是关键。

涛涛的爸爸在一家小企业上班，工资少得可怜，而他的妈妈则没有正式的工作，所以涛涛的教育几乎都是涛涛的妈妈在管。一次，涛涛从幼儿园回来告诉妈妈他想要买个机器人，因为其他的小朋友都有，就自己没有。

他们家的经济条件本来就很困难，根本没有闲钱给孩子买机器人。一次，她接涛涛放学，在回来的路上正好经过一家玩具店，涛涛要求进店里看看。涛涛妈知道涛涛想买机器人，但是涛涛说只要看看就行，绝对不买。涛涛妈便带着涛涛进去看了看。正好此时，涛涛妈碰到了一个认识的人，两个人就聊了起来，涛涛便站在旁边玩那个机器人。

突然，涛涛妈听到啪的一声，原来是涛涛将那个机器人不小心掉到了地上，这个时候销售人员也走了过来，看到摔到地上的机器人很不开心，拿起来仔细一看，发现机器人竟然摔坏了。

第1章
"爱"是说出来的，不是吼出来的

涛涛妈没有办法，只能将这个机器人买了下来。对于这件事情，涛涛妈自然十分生气。

回到家，她冲着涛涛嚷道："谁让你去碰那个机器人的，说好的只是看看，这下可好，摔坏了吧，到最后买了个摔坏的机器人。"涛涛低着头一声不响。"你是不是故意把机器人摔坏的，这样一来不买都不行了？"妈妈冲着涛涛生气地嚷道。这个时候涛涛突然哭了起来，他边哭边说："我是想要机器人，但真的不是我摔坏的，上面本来就有裂纹。"

涛涛妈这才反应过来，孩子才7岁，机器人轻轻掉到地上怎么可能会摔坏呢？这个时候她才意识到自己冤枉了孩子。

其实，在很多时候孩子闯祸是有着自己的原因的，如同例子中涛涛妈根本没有弄清情况就冲着孩子发火，这样往往会让孩子感到委屈。一个合格的妈妈在孩子闯祸之后，第一件事情并不是责怪孩子或者是惩罚孩子，而是找到正确的方式来"刨根问底"，了解孩子闯祸的实际情况和原因。

孩子闯了祸，妈妈究竟要怎么做？

1. 先压制自己的怒火，缓和孩子的情绪

一般而言，孩子闯了祸之后，多半会感觉到很紧张和害怕，他们很害怕自己的妈妈会生气。所以说，在这个时候其实孩子是充满恐惧感的，因此妈妈还是要照顾到孩子的心情，控制好

自己的情绪，这样做是为了更好地解决问题。

2. 问清楚孩子闯祸的原因之后，再采取措施

孩子闯祸很多时候是有原因的，并且很多时候孩子也是不想闯祸的。所以说，妈妈们应该问清楚原因，然后再决定如何"惩罚"孩子，千万不要还没问清楚情况，就大声斥责孩子。

3. 事后告诉孩子一些基本的做事方法和道理

当孩子闯的祸被解决之后，可以选择适当的方法，教孩子一些生活中做事的技巧，这也是他成长的一部分，免得孩子再次犯错。

在孩子犯错之后，妈妈总是主观地认为孩子又做了什么坏事，不问青红皂白就将孩子训斥一番。但是孩子并不知道自己错在哪里，更不知道该如何改正，甚至会因此与妈妈逐渐疏远。所以要想成为合格的妈妈，就要给孩子解释的机会，搞清楚到底是怎么回事，这样孩子才会愈加信任妈妈，听从妈妈的建议。

第1章
"爱"是说出来的，不是吼出来的

不是孩子爱哭，只是他们没办法

从古至今，人们习惯了这样来要求孩子，那就是"流泪的孩子没出息"。于是，很多妈妈在看到自己的孩子无缘无故哭泣的时候，或者是不知道怎么样来哄孩子不要哭的时候，会说上一句"流泪的孩子没出息"，以为这样教育孩子，他们就会变得十分坚强。其实不然。

妈妈们都希望自己的孩子能够长成一个坚强勇敢的人，于是会按照传统观念教育孩子，告诉孩子不要有委屈就哭，这样就是不坚强，其实这种思想是有待思考的。不管是男孩还是女孩，在孩子的童年时代，泪水应该伴随着他们成长。对于孩子来讲，他们也有不开心的时候，也有感觉到委屈的时候，如果在这么小的年龄段就压制他们哭泣的情绪，那么对他们来讲是不是有点不公平了呢？

一个孩子的性格会影响他的一生，一个孩子爱哭，那只能证明他的情感丰富、充满童真，如果他在儿童时期就不善于表达自己的喜怒哀乐，压制自己的情绪，那么长大之后怎么可能会变成一个开朗乐观的人呢？妈妈不应该总是用"坚强"的高帽子压在孩子的头上，在他们的年龄段应该允许他们肆无忌惮地哭泣。

当孩子因为淘气而闯祸之后，妈妈们会冲着孩子大吼，吼完之后，孩子往往会因为害怕而号啕大哭，这个时候妈妈们还会嚷道："哭什么哭，你还有资格哭了？看谁家孩子像你这么爱哭。"或者是当孩子因为想要一个新玩具而在玩具店前哭闹的时候，妈妈可能也会说道："宝贝，你看人家多听话啊，从来就不哭。"妈妈们以为这样就能够培养出坚强的孩子，但却不知道这样的言语无非是给孩子加重心灵的负担。

妈妈们会认为一个孩子如果从小养成了爱哭的习惯，那么长大后也不会变得勇敢坚强。那么反过来讲，现实生活中，那些不爱哭的孩子，难道真的是坚强的或者是勇敢的吗？很多男人不哭是因为他们不懂得表达自己的情感，是因为他们内向的性格，而并非因为坚强或者勇敢。所以说，哭泣不是不坚强，孩子就应该在不开心和受到委屈的时候在大人面前哭泣。

李香香的儿子小凡已经5岁了，平时很少跟幼儿园的小朋友打架，可今天不知道怎么了，小凡的老师打电话说小凡在幼儿园和一个小孩子抢夺玩具，并且把那位小朋友惹哭了。

李香香很着急地来到幼儿园，老师看到她来了之后，便开始对她抱怨个不停:"你家小凡最近也不知道是怎么回事,以前在课堂上是十分活跃的,也很少和小朋友闹意见,可是不知道最近怎么了,他不但很少说话,也很少笑。平时跟他玩的小朋友也都不怎么愿意和他玩了。今天他又跟其他小朋友抢玩具,还打了别的小朋友,别的小朋友哭得一团糟,他像是没事人一样。你们父母最近没有发现孩子的情绪有点不正常吗?"

李香香听完老师说的话,心中有点不解:"是吗,没发现有什么不正常的呀。"正在这个时候,只听儿子对那个哭泣的孩子嚷道:"你还好意思哭呢,好孩子从来都不哭的,真没出息。"听到儿子说这句话,她突然想起了上个星期和儿子去买玩具,他要一个200多块钱的玩具,自己没舍得给他买,他就开始哭闹,当时自己就是这样说儿子的。

还有一次,给孩子打疫苗,儿子不想去,便开始哭闹,她就说:"孩子哭鼻子是最丢人的,别的小朋友最不喜欢哭鼻子的孩子。"李香香觉得可能是自己的这些话触动了儿子的内心。

后来,李香香将这件事情告诉了一名儿童心理咨询师,才知道原来是自己的"流泪的孩子没出息"的思想让孩子的情绪变得压抑了,他因为在委屈的时候不敢哭泣,扩展到在开心的时候也不想笑,从而就变成了老师口中的"不正常"。

生活中,妈妈要如何面对孩子的号啕大哭呢?

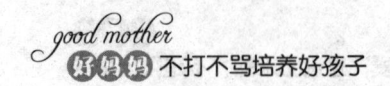

1. 弄清孩子哭泣的真正原因和目的

孩子爱哭,一般不是因为他摔了跤,而是没达到他的要求和目的,所以才用哭来"要挟"。当然,他并不知道什么是"要挟",他们只是想要通过哭来让妈妈们满足自己的要求。还有种情况是因为受不得一点委屈,譬如和小朋友抢玩具,抢输了便会哭。这两种原因是孩子哭泣的主要原因。

2. 弄清孩子哭泣的原因之后,正确地去解决

当孩子想要得到某件东西而哭泣的时候,妈妈们需要做的是先不要理睬他,更不要一见孩子哭就训斥孩子,不许孩子哭。等到孩子的情绪稳定下来之后,再耐心地跟孩子讲道理,告诉他不是每件东西都能够轻易得到,并让他明白这其中的道理。

3. 不要拿自己的孩子跟别的孩子相比

教育学家发现,孩子最反感的事情之一就是和比自己好的孩子比较。比如当孩子哭泣的时候,妈妈们经常会说你看某某某从来就不哭,多听话呀,你怎么就知道哭呢,等等。这些话无疑是对孩子内心的一种蔑视,让孩子感觉到自卑,更不利于孩子坚强性格的养成。

其实,孩子也需要发泄自己的情绪。他们毕竟不是大人,

第1章
"爱"是说出来的，不是吼出来的

他们脆弱的心灵需要发泄的机会，不要以要求大人的标准来要求孩子。即便你家的宝贝是男孩，也不要采取抑制情绪的方式来让他变得坚强。一个不懂得表达自己情绪的人，又如何会懂得让自己变得坚强呢？

孩子喜欢搞破坏，搞清原因再处理

孩子在家中经常会被妈妈们定义为"败家子"，原因很简单，每件新买的东西都会被儿子毫不客气地"分解处理"，大到电视遥控器，小到玩具模型车。只要是孩子想要"拆"的东西，他总会趁着妈妈不在家的时候，将这种"小破坏"进行到底。

比如在生活中会发现很多小孩子会把玩具拆解，去搞清楚玩具里面到底有什么，孩子往往会沉浸其中，并努力通过自己的双手去寻找答案。对于孩子这样的"破坏"，妈妈们首先要理解孩子的"破坏"行为，孩子"破坏"的过程就是一个学习的过程。千万不要严厉地批评孩子，更不要冲着孩子恐吓道："不许再把玩具拆坏了，如果你不听话，下次就不给你买新的了！"或者是骂道："你个败家子，这是妈妈花了几百块给你买的新玩具，你可倒好，不管三七二十一，直接就给弄成这样了？"或许妈妈们根本没有想到自己的话会产生什么样的结果，但是这些话却可能会将孩子的探索精神扼杀掉。

第1章
"爱"是说出来的，不是吼出来的

当然，也有的孩子不是为了好奇，而是想知道其究竟才去破坏的。他们只是为了好玩，比如小孩子故意用足球踢破邻居家的玻璃，然后撒腿就跑，做完破坏之后，还会觉得十分开心，这种调皮的破坏性行为当然应该引起妈妈们的注意，但即便是这样，也不要过于严肃地训斥孩子，更不要打骂孩子，但是一定要将其中的道理告诉孩子，让他明白这样的行为是不正确的。

李敏正在家里做饭，只听一楼的林阿姨在喊自己的名字，她不知道发生了什么事情，便急忙下了楼。因为儿子在楼下踢球，她以为是儿子摔破了腿。

下楼后，她看到林阿姨十分生气的样子，便笑着问林阿姨出什么事情了。林阿姨指着自己家的玻璃说道："你看看，你看看，这是你儿子干的好事，又把我们家的玻璃踢坏了。前两天他踢球时，不小心把玻璃踢碎了，我们觉得可能是不小心，小孩踢球难免会发生这事，便没吱声，心想一栋楼里的也没必要斤斤计较，就自己买了块玻璃换上了。这次倒好，又踢碎了，还是最大的那块。"林阿姨指着那块已经破碎的玻璃说道。

李敏知道林阿姨是不会说谎的，便想要找儿子问个清楚，但是这个时候已经看不到儿子的踪影了。"你儿子就是故意的，我看他踢坏之后，还跟老王家的孙子一起偷着乐呢。他现在一定是在那个小花园里呢，你去找找看吧。"林阿姨生气地回家了。

李敏知道林阿姨所说的小花园，就是小区周围的小公园。

李敏很生气，果不其然，儿子真的和另外两个孩子在一起玩球，似乎什么事情也没发生。他见到李敏来了，脸上骤然有了变化。看到妈妈这么生气，他自然知道是为了什么事情。在回家的路上，李敏很想冲儿子大嚷一顿，但是她并没有那么做。

到了家里，儿子主动"交代"了做坏事的过程，他说："妈妈，其实上次踢坏林阿姨家玻璃的是王风，并不是我。"李敏接着问道："那这次总是你了吧？为什么要把林阿姨家的玻璃弄坏呢？"儿子吞吞吐吐地说道："是我，我就是感觉林阿姨平时那么不讲道理，老是背后说咱们家的坏话，所以……"

李敏听到儿子这么说，她当然知道儿子的意思，林阿姨为人就是爱挑拨是非，这点自己很清楚，但是没想到儿子却想要报复林阿姨。于是，她并没有冲儿子发脾气，也没有骂儿子，而是很耐心地告诉儿子："儿子，你今天做事情的初衷是为了帮妈妈出气，妈妈很感动。只是，你不能用这种方式报复别人，这是不对的。你想想，如果别人踢坏了咱们家的玻璃，你说妈妈是不是会很着急？"儿子想了一会儿，回答道："是的。"李敏见儿子想明白了，便带着儿子去跟林阿姨道歉。

其实，孩子是很单纯的，他们进行破坏一定是有原因的，就如同李敏的儿子，他故意踢坏林阿姨家的玻璃，无非是想要给妈妈出气。所以，妈妈面对孩子的这些小破坏时，不要急于去责备，要有一颗宽容的心来容纳孩子的纯真，同时，再给孩子以正确的引导，这样便能够达到很好的教育效果。

生活中，妈妈要如何处理孩子的小破坏行为呢？

1. 不要急于责备孩子，弄清楚原因是关键

孩子进行破坏，到底是因为好奇，还是因为好玩呢？这一点很关键，如果孩子是因为好奇，想要探索清楚玩具汽车为什么会动，或者只是为了好玩，就要进行区别对待，要知道这两种原因的教育方式是不同的。

2. 不妨参与孩子的"破坏"行动

当孩子是因为好奇而破坏玩具的时候，妈妈们不妨参与其中，和孩子一起将玩具"拆"开，然后给孩子讲解清楚，最后再和孩子一起对玩具进行"组装"，这样不仅能够满足孩子的好奇心，也会防止孩子以后再次破坏，更能够拉近母子之间的距离，一举三得的方法，何乐而不为呢？

3. 当孩子真的破坏了别人家的东西时，要适当地消除孩子害怕的心理，给他帮助

孩子难免闯祸，一旦破坏了别人家的东西，他们恐怕会十分慌张和害怕，生怕妈妈会责备自己，所以说这个时候，妈妈要帮助孩子消除这种恐惧的心理。

曾经有一位幼教专家这样说道:"孩子习惯把自己感兴趣的东西拆开,这是学习探索的一种表现,他们并非故意去搞破坏,只是因为产生了兴趣,想通过'破坏'来弄明白是怎么回事。"也就是说,孩子会因为好奇心而把家中能"破坏"的东西都"破坏",他们只是为了满足自己的好奇心而已,所以说妈妈们应该懂得包容孩子的这种童真。

第2章

聆听心声，
去理解孩子的叛逆

孩子为什么跟你没话说

不知道你有没有这样的感觉，随着孩子一天天长大，对自己说的话却逐渐减少。每每问到最近在学校过得怎么样的时候，他也是应付了事："没事儿啊，挺好的。"让你根本没有机会继续问下去。而那个简单的回答，也让你越听心里越不是滋味。怎么自己辛辛苦苦养大的孩子，到头来跟自己都没话说了呢？

面对这个困扰，很多妈妈都摸不着头脑。曾经有一个妈妈说："开始我还以为是孩子在学校受了气，或心理上出现了问题。可事情并不是这样，有一次路过他们学校，刚好赶上放学，我看到他和同学有说有笑地从校门口出来，看起来非常正常。可回到家以后，就没什么话说了，他把自己一个人闷在屋里。你问他什么，他就敷衍你，一个'哦'一个'没事儿'的，总之词儿就那么几个，其他的什么都没有了。那时候我心里可不舒服了，有时候都想发脾气，心想我把你养这么大，你这是用不言不语的冷暴力来惩罚我吗?后来我了解到,不光是我家孩子,好多他的同学父母也反映,他们家的孩子跟我的孩子一个样。这到底是怎么回事呢?怎么就跟妈妈没的聊了呢……"

针对这样的问题,一些相关的心理研究机构进行过一些调查。调查结果是,很多孩子认为妈妈的价值观过于陈旧,自己接受的新鲜事物她们都不懂,所以没必要费那个口舌。或者觉得妈妈的想法很单一,只是关注自己的学习成绩,聊着聊着还是往学习上引,让自己觉得很无聊,没有心情再聊下去。还有一些孩子觉得,妈妈就是很无趣的人,每天就知道柴米油盐、吃喝拉撒,除此之外什么都不关心,你说什么她都不会在意,有时候还会打岔,让自己去帮她做家务,所以沟通存在困难,与其白费口舌,还不如不沟通……

看了来自孩子们的反馈,你有没有跟着对号入座呢?与其忙着难过,不如花时间反思一下,自己在孩子眼里是不是思维老化、只抓成绩、生活无趣的那一类妈妈呢?如果是,那问题的关键并不在于孩子,而是在于我们自己。之所以走不进孩子的世界,主要原因在于我们把自己的生活过得越来越无趣,以至于让孩子为了躲避这种无趣,而在我们面前变得沉默寡言。

其实,妈妈本该成为孩子最好的倾听者,更应该成为孩子的良师益友。她应该是一个非常有情趣的人,在生活中富有幽默感,既可以在孩子面前成为一个快乐的"大孩子",

又可以在需要的时候严肃起来，以老到的姿态给孩子的困惑出谋划策。只可惜很多妈妈在这件事情上做得不尽如人意，以至于很多孩子在潜意识里只有她们严肃的形象。这种形象只会让他们感到恐惧，却无法感受到可以敞开心扉的慈爱。

有什么办法能够扭转僵局，找回那个喜欢和自己聊天说笑的孩子呢？恐怕首先要从转变自己开始。下面就提出一些建议，有心的妈妈不妨试试效果。

1. 一起去做孩子喜欢的事

如今社会竞争越来越激烈，很多妈妈在工作上都很劳累，回家的时候已经精疲力竭，以至于忽略了一直等待妈妈回家分享快乐的孩子的感受。其实孩子起初是有很多喜欢做的事情需要妈妈参与的，小到一起去拼一个世界地图，大到傍晚到邻近公园的小河边摸鱼虾，或者是一起去游泳馆游泳，到楼下的空地上扔飞盘。但这个时候的妈妈可能真的提不起精神，只想窝在沙发里看电视。

对待这样的问题，处理方法很简单：为了维持妈妈与孩子的良好关系，就要想办法灵活地分配好自己的时间，不要让孩子有被忽视的感觉。比如每天花半个小时和孩子看会儿书或玩一个简单的游戏，然后周末一家人到户外郊游放松心情。虽然每天只有短短的半小时，但这对于维系妈妈与孩子的关系来说是至关重要的。

2. 定期花时间跟孩子讨论他感兴趣的话题

到了家就不要再想着工作了,这个时候你已经休息了,应该把更多的精力集中在家庭上,尤其是自己疼爱的孩子身上。或许最近他学到了很多的知识,看了很多的故事,或者学校里发生了很多趣闻,他真的希望有人听他讲讲,如果这个时候你对他的倾诉欲望置若罔闻,那以后他就真的不愿意说了。

其实和孩子聊天很简单,不要限定范围,让他尽情地诉说自己感兴趣的话题,尽情表现自己本有的单纯情感,而你只需要坐在一边表现出很感兴趣的样子,这对于孩子而言是一个莫大的鼓励,不管你怎么想,他都会把你当知音。

3. 让孩子感觉到妈妈对生活的爱

生活对每个人来说都是差不多的,每天日出而作,日落而息。但有智慧的妈妈总是可以把生活调配得充满色彩。在桌子上放上一个漂亮的花瓶,给孩子做一餐有可爱图案的饭菜,和孩子一起用喷漆的方式设计一件超级酷的文化衫,或者有时间一起去组装微型赛车,滑着旱冰在公园里边走边看,在美工坊做个陶器。这种生活难道不是很幸福吗?

无趣是一天,有声有色地生活也是一天,这本该是妈妈让孩子从她身上学到的，为了孩子的快乐童年，也为了让自己的生活丰富多彩，立志去做一个有趣的妈妈吧，这样孩子也会在同学们面前自豪地说："我的妈妈不一样，她是我眼中最有趣的妈妈。"

倾听孩子的心声，做善于沟通的妈妈

不要以为孩子还小，心里就没有想法和秘密，也不要以为只要给孩子提供了优越的物质条件，他们就能够健康地成长，更不要以为妈妈只要关心和爱护孩子，就能够了解孩子的一切。一个合格的妈妈，最重要的一点就是明白孩子做事时的想法，即便他的想法实在是不可理解，那么也要通过和孩子沟通的方式来教育他。

妈妈们经常会这样对自己的孩子说："为了你，我没少生气。"或许孩子真的特别调皮，但是妈妈也不应该用嚷骂的方式来让他们变得听话。曾有人这样说过："不是因为妈妈养了调皮的孩子才会时常生气，而是因为妈妈时常生气，孩子才变得调皮起来。"毕竟，生气解决不了任何问题，冲孩子大叫大嚷也丝毫不会起到正面的作用，这个时候妈妈们最需要的就是了解孩子的内心。

要想了解孩子的想法，最直接、最简单的方法就是通过语言跟孩子沟通。一个善于沟通的妈妈，往往会让孩子避免犯错。妈妈可以利用送孩子上学的时间，和孩子聊聊他在学校的事情；可以利用孩子玩耍的时间，和孩子聊聊他的兴趣爱好，等等。善于和孩子聊天的妈妈，会很快成为孩子的朋友。即便是孩子犯错之后，善于沟通的妈妈也能够心平气和地了解孩子犯错误的原因。

和孩子成为朋友之后，妈妈会发现孩子的小脑瓜中也有很多奇妙的想法。妈妈完全可以利用许多琐碎的时间和孩子聊聊天、谈谈心。即便是妈妈面临着很大的工作压力，也不要忽视孩子的存在，更不要在孩子犯错之后，只知道冲孩子嚷"你怎么就这么不听话，妈妈累了一天了，你怎么还惹妈妈生气"，不如和孩子聊聊他犯错的真正原因。孩子需要妈妈的了解和理解，他们需要的不只是物质生活，更多的是来自妈妈的体谅。

张莉莉还没下班，就急匆匆地离开公司，因为她接到了儿子班主任打来的电话，说她的儿子壮壮又跟同学打架了，并且将同学的头都打破了。虽然儿子的班主任说孩子已经在学校的医务室包扎了，但是张莉莉还是十分着急和生气。她的儿子壮壮已经上二年级了，但还总是跟同学打架，这次打架已经是这个月的第二次了。张莉莉每天的工作很忙，丈夫也经常出差，学校离家不算远，有的时候自己顾不上接送孩子回家，只能让一栋楼里的花姐帮自己接送孩子，因为花姐的女儿和自己的儿

第 2 章
聆听心声，去理解孩子的叛逆

子在一个学校。

张莉莉自然很生气，她不知道这次儿子又是为了什么莫名其妙的事情跟别人打架，更担心的是对方小朋友的伤到底有多严重，再者是她担心自己的儿子是不是也受了伤。她很快赶到了学校的医务室，儿子在墙角站着，张莉莉到了之后，赶快和对方的家长道歉。道完歉之后，她冲着儿子吼道："你怎么这么不听话，看你把小朋友打成什么样了。妈妈跟你说过多少次，不许跟小朋友打架，你怎么就这么淘气？！"

儿子的眼泪一滴一滴地掉了下来，虽然张莉莉也很心疼孩子，但是气愤已经让她失去了理智。她冲孩子嚷道："赶快跟小朋友道歉，不然晚上就别吃饭。"儿子还是站在墙角一动不动，虽然他的眼泪还在掉，但是丝毫没有跟小朋友道歉的意思。看到这种情景，张莉莉更是生气了，她举起巴掌"啪啪啪"地冲着儿子的屁股上就是三下，继续嚷道："你道歉不道歉，我看你道歉不道歉……"这个时候儿子大哭了起来，在场的老师和对方小朋友的家长都赶忙拉住张莉莉，免得她再打孩子。"我没错，我就不道歉……"儿子哭着大声喊道。"看你把小朋友打的，你还说自己没错……"张莉莉嚷道。"谁让他说我没有妈妈的，说我妈妈不要我了，从来不接送我上下学。"壮壮边说边哭，哭得更加委屈了。张莉莉听到这话，心里突然变得很难受。

后来，张莉莉从老师的口中得知，壮壮跟小朋友打架的另外一个原因，就是打架之后妈妈会接自己放学，虽然妈妈会冲自己嚷，但是起码能跟自己多说说话。自此以后，张莉莉坚持每天自己接送孩子上下学，并且经常跟壮壮聊天。从交谈中，张莉莉了解了壮壮的很多想法。从那之后，壮壮再也没跟同学打过架。

那么在生活中，妈妈要如何跟孩子做好沟通呢？

1. 不仅仅是犯错之后才和孩子进行心与心的交流

妈妈经常会在孩子犯错之后才和孩子交流和沟通，觉得这样就能够解决孩子所犯的错误。但是在日常的生活中，很多时候都需要跟孩子聊天，只有这样，才能够让孩子避免犯错。同时，了解自己的孩子，会让你们变得更加亲近。

2. 善于和孩子分享自己的观点，这样也能够知道孩子的想法

妈妈们千万不要以为孩子还小，没有必要将自己的事情说给他听，也没有必要将自己的想法告诉他。如果妈妈想更好地了解自己的孩子，那么只有让孩子感受到他和你在思想上是平等的，他才会将自己的想法完全地展露给你。所以不要跟孩子说"你还小，你懂什么"之类的话语。当孩子问你的时候，你要尽可能地将自己的想法告诉给孩子听。

3. 边聊边玩的方式会让你们成为很好的朋友

妈妈们不要只记得自己是孩子的母亲，要知道孩子需要自己这个"朋友"。妈妈们最好的与孩子沟通的时间，往往就是在跟孩子一起做游戏的时候。母子一起做游戏，不仅仅能够拉近彼此的距离，更重要的是能够了解孩子的想法。

其实，孩子需要的是妈妈的关心和理解，他们希望自己的妈妈能够理解自己，能在自己不开心的时候关心自己，在自己犯错的时候帮助自己。就如同例子中的壮壮，他想要妈妈更加理解自己，想要得到妈妈更多的关心，所以不惜用打架这种方式来吸引妈妈的注意力，来赢得妈妈跟自己的沟通。孩子在很多时候更需要妈妈这个朋友，因为他们有太多的机会犯错，而犯错的理由往往不是所谓的调皮和故意。妈妈首先要了解孩子犯错的原因，因此应该加强日常与孩子的沟通和互动，与孩子成为亲密的朋友。

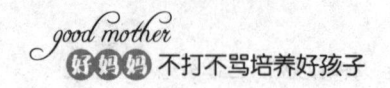

孩子的顽皮并非都是故意

妈妈总是自诩自己是最了解孩子的人，但是在亲子沟通过程中，我们却发现，事实并非如此，造成这种假象的主要原因，是妈妈在与孩子沟通的时候总是想当然，习惯先入为主，当孩子犯了一些无伤大雅的小错误时也要追究、斥责孩子，对孩子缺乏理解和尊重。

昂昂有点贪玩，经常放学后不写作业，出去玩耍。妈妈给昂昂定了规矩：不写完作业就不能出去玩。一天，晚饭过后，妈妈又来催促昂昂写作业，昂昂对妈妈说有点不舒服，想休息一下。没想到妈妈生气地说："不舒服？得了吧你，我还不知道你那点小心思，我看你就是不爱学习，想出去玩。今天你不把我给你留的那几道题做完，就休想偷偷溜出去！"

昂昂顿时觉得十分委屈，躺在床上又哭又闹，索性不做作业了。妈妈觉得昂昂在偷懒耍滑、耍小心眼，于是又是一顿训斥。事后昂昂竟然和妈妈赌气，不去上学，不吃饭，妈妈觉得昂昂

第 2 章
聆听心声，去理解孩子的叛逆

太不听话了，更加生气，打了他一顿，于是昂昂再也不和妈妈说话了。

昂昂妈妈这样对待昂昂显然是不对的，虽然昂昂平时贪玩，但是并不代表他会为了逃避作业，或是想出去玩而装病，有可能昂昂是真的不舒服。可是妈妈并没有认识到这一点，而是先入为主，想当然地认为昂昂是在耍小心眼、偷懒耍滑，于是训斥了昂昂；结果昂昂和妈妈赌气，妈妈又觉得昂昂太不听话，于是又打了昂昂；最后昂昂不再和妈妈说话，导致亲子之间沟通出现了障碍。

"儿子听话，不要让妈妈发火。"

"又不听话，看我不收拾你！"

"总是闯祸，你就不能让妈妈省点心吗？"

"你个调皮鬼，又不听话，都跟你说了多少遍了，不可以这样！"

……

平日里我们经常能听到这些管教孩子的话语。不听话似乎是所有孩子的通病，这一点男孩子表现得更为明显，他们贪玩、调皮，经常不按照妈妈的"旨意"行事，让妈妈十分苦恼，同时一些心急的妈妈总是控制不住自己的怒火，甚至做出一些过激的行为，使得孩子的身心受到创伤。

当孩子不听话的时候，妈妈不要心急，更不要随便发火，而是要冷静下来想一想，孩子为什么会不听话，是故意为之，还是因为受到自身生理、心理发展的影响而造成的无心之过，抑或是因为本能的需要。其实，妈妈应该明白，在孩子成长的过程中，一些看似不听话的行为是符合孩子生长发育规律的。所以面对孩子不听话的表现，妈妈莫要气急败坏，而要与孩子心平气和地沟通，深入了解他不听话的原因，这样才能更好地陪伴他成长。

沫沫一直是个乖巧的女孩，可在她4岁的时候，突然变得很不听话。以前早上起床非常配合妈妈穿衣服，但是现在扭扭捏捏不起床，让她快点儿穿，她偏要磨磨蹭蹭；让她穿这件，她非要穿那件不可。有时妈妈急了，忍不住冲沫沫发火，沫沫却总是一脸委屈的样子。

后来妈妈在一本书中读到：4岁的孩子正处于叛逆期，随着自我意识的不断增强，他们有了自己的想法，并且对大人的做法表示抗拒和怀疑，表现为和大人唱反调、对着干，其实他们并非刻意而为之，只不过是他们不明白自己为什么要听大人的。遇到这种情况，妈妈不要心急，不要乱发脾气，不要用命令的口吻和孩子交流，而是要换一种方式。

妈妈试着按照书上的理念去教导沫沫，一次，沫沫又赖床不起，妈妈没有冲沫沫发火，而是对沫沫说："妈妈一会儿要出门，不过有两个包不好拿，我们的'小公主'能帮帮妈妈吗？"

沫沫听了急忙答应道:"好的,妈妈,我这就来帮您。"于是,沫沫从床上一骨碌爬了起来,洗漱、吃早饭,然后帮妈妈拎包,最后终于按时到了幼儿园。

　　沫沫因为处在叛逆期,所以总是和妈妈对着干,妈妈有时忍不住会发火,但是并没有什么效果。妈妈从书本上学习到有关知识后,改变了自己的做法,以让沫沫帮忙的方式促使她主动起床,按时到了学校。因此,当妈妈发现孩子不听话的时候,不要心急,而是应该了解孩子生长发育的特点,然后心平气和地与孩子沟通,这样一来,孩子自然会非常乐意接受妈妈的建议,从而变得听话懂事。

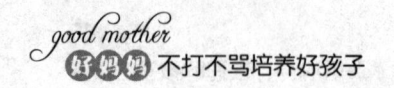

只要仔细，总能听出孩子的想法

不要以为孩子的思想很简单，是单纯的，有时他们的思想也有复杂性。因此，无法看透孩子所思所想是很正常的事情，妈妈们不必为不知道孩子在想些什么而烦恼。此时，妈妈们不妨听听孩子是怎么说的，或许你会有点眉目。

妈妈们经常会因为孩子而感到苦恼，因为孩子会莫名其妙地犯一些错误。但是如果了解了孩子的真实想法后，或许妈妈们才会觉得这次犯错是情有可原的。但是，孩子的思想有着很大的跳跃性，并不是每个妈妈都能够随时掌握清楚的，尤其是对于孩子的调皮，妈妈们也会觉得很无奈。

如果在妈妈们不知道到底是怎么回事，或者不明白孩子为什么会这样做的时候，不妨停下自己的嘴，然后认认真真地做一次孩子的听众，认真地聆听孩子的"理论"，或许当你听完孩子所说的话之后，你会恍然大悟。原因很简单，孩子是天真纯洁的，他们不会在语言上掩盖自己的想法，往往是怎么想的就会怎么说，怎么想的就会怎么表达，这样一来，妈妈们也就能够了解清楚事情的前因后果。

对于一件事情的描述，大人们可能会添油加醋，但是孩子是不懂得完善托词的。所以说当妈妈们聆听孩子话语的时候，他们会感觉到妈妈是在关注自己，便会更加愿意表达自己。当然做好孩子的听众也并不是一件容易的事情，首先最需要的便是妈妈们宝贵的耐心了，假如没有耐心，孩子还没把话说完就被打断，那么孩子表达的欲望就会受到影响，与其这样，还不如不要开始。所以，每一个妈妈都要试着耐心地倾听孩子内心的话语，如此才能更加深刻地了解孩子的所思所想，继而达到一个更好的教育目的，让母子变得更加亲密。

今天果果主动找到自己的妈妈，说她想要和妈妈好好地谈一下。作为妈妈，王海平已经很长时间没有和女儿好好地谈心了，因为自己最近工作有点忙，一直没时间找她，但不知道为什么今天女儿竟然主动来找自己谈心，虽然心中疑惑，但是王海平却很高兴。

王海平问果果最近在学校学习怎么样，和同学相处得怎么样，果果都很认真地回答了。果果说道："妈妈，我是不是最近犯了什么错误，你都好几天没好好跟我说说话了。人家小月的妈妈每天晚上都会给她讲故事，还会很关心她的功课，可是妈妈好像有四天没看过我的作业本了。"王海平知道这几天的确对女儿关心少了点，但是也没有说话，只是静静地听着女儿的"抱怨"。

"妈妈，最近我们班换新的语文老师了，开始是黄老师教我们，但她好像回家了，然后就换成了王老师来教。但是我很不喜欢王老师，因为她说的普通话不标准，好多同学听不太懂，所以……"女儿说到这里停了一下，好像想起了什么似的，接着说道，"妈妈，我说一件事你别生气好不好？"王海平笑着点了点头。女儿继续说道："所以这次的语文考试我考得并不是很理想，不是我没有认真学习，而是有时候我是真的听不太懂王老师在说些什么。"王海平听完女儿果果的话，心中很高兴，因为到现在她终于明白女儿为什么要跟自己谈心了，也清楚了女儿现在的困惑。

王海平对女儿说道："果果，妈妈这几天的确太忙了，没有及时关心你的学习，是妈妈的不对，以后妈妈即使再忙，也会看你的作业的。还有，这次语文考试考得不好，妈妈一点儿也不生气，因为你很诚实，能够主动告诉妈妈，妈妈已经很开心了。只是不要因为王老师普通话说得不好，就不喜欢她。如果你不喜欢王老师，就不可能学好她教的课。至于你说的听不清王老师讲的普通话，妈妈会向学校反映一下，让王老师也加强改进。"

通过这次聆听女儿的观点，王海平发现女儿真的在慢慢地长大，她的思想也在慢慢地成长。之后，母女变得更加亲密了，果果只要有事情都会主动跟她讲，她也会对女儿的观点做出评价。

其实，每个孩子都希望自己的妈妈能够理解自己，渴望得到妈妈的认可。如果妈妈们不知道孩子究竟在想些什么，那么就主动成为孩子的听众吧，这样在聆听完孩子的心声之后，或许你就会明白孩子真实的内心世界了。

生活中，妈妈要成为孩子的听众，要注意些什么呢？

1. 当孩子在表达自己的观点和思想时，你一定要认真地去听

很多妈妈在听孩子讲话的时候，总是心不在焉，根本不知道孩子都说了些什么，甚至只是为了应付孩子。这样孩子不但以后不会主动与妈妈交流，更会产生不信任的感觉。因此，妈妈在听孩子说话的时候，要很认真地去听。

2. 千万不要打断孩子的话，即便孩子说得不对，也不要插话

在孩子兴致勃勃表述自己的观点时，如果妈妈们打断孩子的思绪，孩子很可能会不再讲述自己的想法。即便孩子的想法出现错误，也要让孩子讲完后再做纠正。

3. 当孩子说完自己的想法之后，不管对错，都要对孩子的观点做出评价

孩子在说完自己的想法后，当然希望得到妈妈的夸奖。如果孩子的想法很好，妈妈们千万不要吝啬自己赞美的语言；如果孩子的想法有所偏颇，那么不妨用适当的语气趁机纠正孩子的观点，以免孩子以后会犯错。

总说套话的你太不真诚

"有些话不直说你永远都不会懂,但太直接你又接受不了。你说我说话总是老一套地在重复,可是就这么重复,你为什么还是置若罔闻?到底我们之间存在什么问题?我真的找不到答案。"一个妈妈这样在微信里给孩子留言。

过了几天,孩子终于给了回馈,文字是这样的:

"正因为你总是在重复那些我都能背下来的话,所以我不爱听。我不爱听,就不愿意去做,我希望你能换一种方式来跟我说话。听到你说话,就像录音机一样,我感觉自己无处可逃,或许你根本体会不到那种痛苦,而我只能听着。如果不听或发表言论,必然会激怒你,到时候我更没好日子过。但是从心里我真的希望这样无休止的唠叨有一天能消失,你能以另外一种形象出现在我面前,那我将不胜感激。"

亲爱的妈妈们,假如不介意,请回忆一下自己小的时候,那时候的自己真的喜欢被爸爸妈妈唠叨来唠叨去吗?他们唠叨的问题你真的改了吗？或许这时候有人会感慨："小时候不懂事，总觉得爸爸妈妈的唠叨很烦人，但当自己步入成年以后，就会越来越感觉到那些唠叨很亲切，生怕有一天听不到了。"有这样的觉悟当然很好，但这毕竟也是长大以后才感悟到的，而且大多数人肯定也不能百分之百地确定，当年父母唠叨自己的事情，自己已经百分之百懂得并改正了。

相比之下，有些时候能让我们意识到并欣然愿意改正错误的途径，更多的是在一本书里、一个同学闲聊的笑话里，或者是一部电影里。当然也有例外，一些善于引导孩子的老师说不定会找你单独谈谈，以大朋友的身份了解你的困惑，帮你指明道路，而那个时候的你感觉是那么亲切、那么温馨，恨不得马上改掉毛病来赢得对方的称赞和认同。

这个世界上，无论是大人还是小孩，都不会喜欢这些唠叨，尽管里面的内容有教育意义，但没有任何一个人喜欢聆听这样无休止的唠叨。除非你的意志力超强，知道这一切是对的，然后身体力行地去改，但这种人在这个世界上实在是太少了，更何况自己面对的仅仅是一个未成年的孩子。

更可怕的是，很多妈妈在说这种沟通套话的时候，是不分场合的，这很容易影响到孩子的自尊心。例如，有些妈妈正和身边的朋友聊天，孩子不知情地走过来，还没怎么样就受到了你一大堆的批评："你看你怎么这么不听话呢，衣服又弄脏了吧，自己就不能自觉点吗？以后妈妈不在你身边，看你怎么办。"这时候孩子一定会很难过，心想："我又没捣乱，你用这些套话来数落我也就罢了，还当着别人的面说我，根本就不顾及我的心情，那我凭什么听你的？"有了这种不满的小声音后，很多孩子还不敢说出来，而是一点点地积累在心里，时间一长就影响亲子关系了。

而妈妈并不知情。更有甚者，身边的人越多，说得越起劲儿，就好像人前说了让孩子难为情，他以后就会改正一样。可事情往往是事与愿违，你越是说，孩子越是会逆反，最后破罐子破摔，无形中双方的矛盾也会越来越深。时间一长，沟通也就变得越来越困难了。

曾经有一个孩子就这样评价自己与妈妈的沟通关系：

"她根本不知道我想要什么，只是一味地用一些套话来教育我，而且越是有人在，她就越是如此，搞得好像她多么劳苦功高，而我多么不听话一样。那时候我就在想，这下好了，所有人都知道我是个不听话的孩子了，那我还听话干什么？有什么意义呀？既然妈妈用套话来对待我，那我也有我自己的套话来对待妈妈。把我惹急了，我也在有很多人的时候说，看她下不下得了台，顶多事后挨顿揍，也让她尝尝那种心里不舒服的感觉。不就是因为她岁数大，力气比我大就欺负我吗？那些教育人的话我早就听腻了，都能背下来了，每次听都让我觉得快七窍出血了,那种被奚落的感觉,无助、伤感、愤怒……她不高兴就可以用这种方式数落我,那我不高兴又该怎么办呢?只能自己忍着。这么多年,我都是这么忍过来的……"

听了孩子的真心话,你是不是应该让自己沉默地思考几分钟呢?既然套话没有作用,妈妈为什么不尝试一下另外的方式呢?给孩子写写信,送他一本养成良好习惯的书,在跟他散步时说说自己小时候也有类似的情况,自己曾经因为没有改掉这样的坏毛病吃了多少亏,或是说一段别人有关这方面的故事,等等。只要用心,沟通的方式有很多,为什么一定要在交流思想的问题上变成彼此不服的"仇人"呢?

所以在这里劝上一句,改改吧!不要再用儿时自己都不愿意承受的方式来对待自己的孩子。孩子是你生的,你肯定很爱他,请不要用套话来折磨他,毕竟你们彼此都需要一颗以诚相待的心,不是吗?

给孩子属于自己的空间

何云飞四五岁的时候,妈妈提议让他分房睡。就这样,何云飞有了一间自己的小屋。何云飞适应了一个人睡之后,向妈妈提议说:"这是我的屋子,你们进来时记得要敲门。"妈妈听了,笑着说:"好,你的空间,我们不随意打扰。"

何云飞一天天地长大,卧室成了他的私人空间。有时候,在学校遇到了烦心事,回到家后,何云飞喜欢把自己关在屋子里冷静一会儿。妈妈看着儿子紧闭的门,从不擅闯。

何云飞在卧室里很随意,他关上门后,无论是想睡觉,还是想看书,或者是想发呆,都是他自己的事。一直以来,何云飞和妈妈的关系都很不错。妈妈很尊重他,他也越来越独立。碰到什么事了,何云飞喜欢自己去解决,从不依赖妈妈。他的业余时间妈妈也不再干涉。放学了,放假了,何云飞想干什么,都由他自己安排。

自由的时间和空间,会激发孩子的创造力,调动孩子的积极性。孩子通过自主安排，来认知、感知自己的生活和周围的世界。孩子是一个独立的个体，他的时间和空间，妈妈无权干涉。孩子在自由的时间和空间里，做任何事情都应是自由的。孩子用来游玩赏景也罢，用来深思也罢，都自有它的意义。这是孩子酝酿和发酵的过程。孩子通过它来认知生活，来感知世界。孩子在其中找到了自己是谁，激发了兴趣点。更重要的是，孩子的想象力被激发了，孩子学会主动去创造了。

　　生活中，很多妈妈没有意识到，拥有自由的时间和空间对孩子成长有着重要意义。如果妈妈想让孩子学会独处、学会分析解决问题、学会思考、学会生活，那么，妈妈就要少一些限制，多给孩子一些自由。孩子要独立、要长大，需要"练兵场"。如果连"练兵"的时间和空间孩子都不具备，孩子又如何独立、如何长大呢？自由的时间和空间是氧气，孩子的成长离不开它。孩子每天的时间，不能被妈妈排得满满的。孩子写完了作业，如果妈妈又安排他学课外的知识，还有兴趣技能练习等，长此以往，孩子就变成了机器人，变得行事消极。这种童年生活不利于孩子施展个性，不利于他身心的健康发展。

　　美美小时候是个活泼的孩子。上小学后，课程紧了，妈妈开始帮她安排时间。每天做完作业后，美美都要练英语口语和钢琴。这些课都是妈妈所擅长的，因此便由妈妈来教授。妈妈很严厉，美美被督促得很紧。一段时间之后，美美成了满腹心事、

第 2 章
聆听心声，去理解孩子的叛逆

闷闷不乐的孩子。

邻居见了，都说："你女儿怎么啦？无精打采的，像变了一个人似的。"妈妈也很纳闷："怎么女儿的笑脸没了？"有一天，美美吐露心声说："我太累了，每天都不能玩。"妈妈这才发现，自己没给女儿自由支配的时间。妈妈发现这点后，改善了教育方式，每天给她安排两小时自由活动的时间。美美的笑脸又回来了。

单独的空间，不只是一间单独的卧室。这个空间，是孩子的私人区域，妈妈应该给予尊重。如果妈妈事事都想干预，这个空间就只是流于形式。

鲁能很早就跟妈妈分房睡了，但是妈妈常常指责他，如东西乱放、不叠被子等。每次妈妈一开口，鲁能就很反感。有时候，他和妈妈吵架了，就把门反锁上。妈妈见状，会不停地敲门，直到他打开为止。

妈妈的言行让鲁能觉得自己时常被侵犯。有一次，鲁能关上了门，妈妈喊门他也不开。妈妈就拿钥匙开了门。鲁能大喊："妈妈，这是我的卧室，你能尊重一下我吗？"

妈妈第一次见他这么愤怒。思前想后，妈妈意识到自己太过分了。

生活中，妈妈要尊重孩子的私人领地，有了这份尊重，才能让自由的空间发挥正面积极的效用。首先，妈妈要给孩子一个能做主的空间；其次，妈妈要尊重孩子自主支配空间的权力。二者缺一不可。

妈妈常会遇到这种情景，孩子会撒娇地说："我下午想自己玩会儿。"这种情形就是孩子向妈妈提出：他需要自由的时间。面对这种要求，妈妈不要轻易拒绝。如果要求不过分，妈妈应多放权，答应孩子的请求。有时候，孩子会说："妈妈，我的房间，你别乱动。"。这种请求是孩子想要自由的空间。妈妈可以给出建议，但要尊重孩子的意愿。孩子的这些意愿被满足了，能够感受到被尊重了，孩子的创造力和积极性也就会得到激发。

当然放手也有原则，如果太自由，孩子就会变成脱缰的野马。给孩子的自由是有限制的，妈妈不能放任自流。孩子的时间和空间，组成了孩子的生命范围。如果时间被浪费，生命也就被浪费了。孩子在支配过程中，还需要妈妈的积极规划。

妈妈要切记，业余时间是属于孩子的。妈妈希望孩子学习，本是一件好事，但不能全部占据孩子的时间。每天要给孩子留出一段时间，让孩子自由支配。孩子在这段时间内，能够干自己想干的，充分地施展个性，更加全面地成长。

第3章

给孩子的"暴脾气"降降温

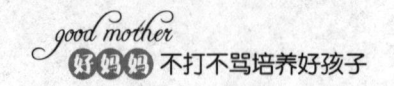

棍棒底下永远出不了孝子

同学:"亮亮,你这是怎么了?胳膊上青一块紫一块的。"

亮亮:"被妈妈打的。"

同学:"怎么会这样?"

亮亮:"别着急,我们迟早会长大,到时候一定要他们好看……"

看了这样的对话,你会不会惊出一身冷汗。民间有句话说"棍棒底下出孝子",现在这句话还行得通吗?我们辛辛苦苦抚养他们长大,除了完成人生本能延续后代的使命,更多的还是一种渴望老有所依的观念。面对自己含辛茹苦养育的孩子,从小就有了这样的想法,妈妈听起来怎能不痛心?

是啊,小时候妈妈打骂孩子让他身心屈服,虽然是为了他好,但孩子可能理解不了那么多,在他的潜意识里,你是在欺负人,是在以大欺小。而当你打完他并把他关进屋子反省的时候,他也不一定能够知道自己的错误在哪里,所反省的结果往往是:

第 3 章
给孩子的"暴脾气"降降温

"我太柔弱了,太小了,没有能力跟他们对抗,所以才会被打得这么惨。我一定要长大,等长大了,体格强壮结实了,他们就再也不敢欺负我了,到时候我一定要惩罚他们,他们让我多疼,我就要让他们多痛……"

当然,你或许会认为孩子就是孩子,过了这个劲儿以后,痛快地玩一会儿,睡几个好觉就什么都不记得了。但你知道吗?在那张看似一切早已烟消云散的脸庞下面,曾经藏匿着怎样的恐惧,而这种恐惧在经历了几次同样的情况以后,会演变成暴力和憎恨的种子,甚至有些孩子还可能会发生心理畸形,对外面的世界也慢慢充满恐惧和敌意。

妈妈们千万不可以再拿自己经受过的"棍棒"教育来对待今天的下一代,孩子即便因为淘气而犯了错,也不要用"棍棒"来说话。

孩子有孩子做事情的思维,他们会对身边的一切事物产生好奇的心理,他们总是会想方设法地弄清楚事物的究竟。因此,在满足他们好奇心的过程中,难免会搞些小破坏。当他看到同学的文具盒可以放出动听的儿歌时,他会趁着同学出去玩耍的时候,将同学的文具盒偷偷拿过来,然后将其大卸八块,想要找到那个文具盒中能够唱歌的"小精灵"。最后同学哭闹着将这件事情告诉了老师,老师又气愤不已地打电话告诉了你。于是,你挂了电话就开始咬牙切齿地暗暗说道:"看我下班不揍这个臭小子，三天两头给我闯祸。"

　　妈妈们工作很忙、很累，最期望的是自己的孩子在学校能够乖乖地好好学习。而偏偏老师又老向妈妈告状，妈妈不但觉得自己没面子，还会对孩子的这种捣乱行为很是气愤。于是，等孩子回到家中，自己就忍不住怒火，还没说清是因为什么事情，巴掌就已经打到了孩子屁股上。有的妈妈觉得打得不够解气，甚至随手脱了鞋冲着孩子屁股上一阵猛拍，嘴里还不停地骂着孩子："你这个不争气的东西，我在外面辛辛苦苦地赚钱供你上学，你这么小就不学好，学会了偷拿别人的东西，还弄坏了，看我今天不打死你！"伴随着打骂声的，是孩子的"鬼哭狼嚎"。

　　其实，孩子本没有那么多的想法，他只不过是对新鲜事物好奇而已，即便是真的因为调皮而做出什么坏事，那也是因为他们是小孩，思维过于简单而已。你根本没有必要让孩子在坏事之后的心灵上再次受到恐吓。可以先压压自己的怒火，认真地跟孩子讲解一下他今天的行为，用耐心来正确地引导孩子做事情的方式，孩子的健康成长需要的是妈妈的尊重和激励，更需要的是正确的引导，而不是缺乏人性的棍棒。棍棒底下打出的要么是"小霸王"，要么是"胆小鬼"。

　　一位当了妈妈的朋友曾经说："从经历产痛的那一刻起，我就融进了作为妈妈的幸福里，当看到孩子漂亮的小脸，看着他一点点长大，自己怎么能够忍心用棍棒去威吓他、伤害他。

所以每次他犯了错，我都会给他讲一个故事，故事的情节往往跟他犯的错有关，然后引导他去反思。其实人都是有反省能力的，时间长了，他自己就知道不能学'小白兔'晚上不好好睡觉，否则眼睛就会红红的。他自己就知道不要学'懒羊羊'那么懒惰，每天除了吃就是睡，一点儿都不爱学习。我与孩子一直很亲近，这让我觉得，让孩子接受你的建议其实很简单。相比之下，打骂式教育真的是下下策。"

是啊，作为妈妈，看着孩子一天天地长大，自己所付出的辛苦可想而知，但没必要因为渴望孩子优秀，而一定要成为孩子眼中的恐怖角色。孩子是敏感的，心理承受能力需要一点点地培养。这时候如果不注意培养他们乐观、阳光的心态，而是常常让他们深陷无限的恐惧与压抑之中，那么影响的很可能是孩子的一辈子。

所以，我们还是温柔地对待孩子，保持宽容理解吧。毕竟我们小时候也是犯过错的，而犯错以后谁也不愿意经历被打的痛苦，回头看看自己的孩子，他和你当时的心理是不是一样的呢？

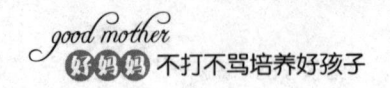

如何化解孩子的攻击性

这天孩子小 Q 和孩子小 G 一起在沙土堆前玩沙子。起初两个孩子团结协作,玩得很开心,可没多长时间就出现了情况。

小 Q 很想用小 G 的小铁铲,于是上去就拿,而且嘴里还念叨着:"这是我的。"

一听这话,小 G 当时就不干了:"怎么是你的呢?这明明是妈妈给我买的。"

"那给我用一下不行吗?"

"不行,根本就不是你的。"小 G 一边说,一边把小铁铲拿在手里。

谁知道这时候小 Q 一下火冒三丈,一气之下把小 G 好不容易用沙子堆起来的城堡踢塌了,还在塌了的城堡上使劲地踩,一边踩一边说:"让你不给我,让你不给我。"

一座自己心爱的城堡被踩塌,小 G 又愤怒又难过。他拿起铁铲照着小 Q 的头就是一下,于是两个小孩子开始在沙土堆里

第3章 给孩子的"暴脾气"降降温

扭打起来。

上面小Q的行为就是我们所熟悉的孩子攻击性行为,一旦什么事情让自己不开心,怒气就会像火一样喷出来,而这个时候也是他们破坏力最强的时候。很多孩子在自己生气以后根本不管不顾,随着体格的强健,他们便开始有意无意地用武力解决问题。这种攻击性不仅仅局限于与他同龄的孩子,有些时候当家中妈妈不能满足他的要求时,他也会用同样的方法来对待妈妈。因此,一旦孩子有了这样的攻击性行为,我们就应该高度重视。否则一旦这种行为变成了习惯,孩子便养成了一种冲动型的性格,对于他的未来将会产生诸多不利的影响。

那么面对这样的问题,妈妈该怎么办呢?首先妈妈应该告诉孩子,愤怒是多么可怕,会引发多少本来可以避免的问题。对别人有攻击性的行为,对自己是多么不利,而假如自己一味地顺应这种恶习,未来会产生什么样的后果。如果我们善于巧妙地引导,就能够让孩子足够重视,下意识地有所收敛,在关键时刻抑制自我,不再出现类似的问题。

一次波波生气地回到家,告诉正在看杂志的妈妈:"我以后再也不跟君君玩了。哼!"

妈妈问:"怎么了?你和君君不是好朋友吗?"

波波说:"今天上劳动课,我只不过是想借他的尺子用一下,结果他说什么都不肯。我一生气就推了他一下,他急了,上来又给了我一下，结果我们在课堂上就打起来了。"

妈妈听了继续问："那后来呢？"

波波愤愤地说："后来被老师劝到位子上了呗，君君说以后再也不跟我玩了，哼，谁稀罕跟这样一个抠门大仙玩啊。"

"哦！那我也躲你远点吧。"妈妈故作紧张地说。

"怎么了？"波波一脸疑惑。

妈妈继续故作害怕地说："万一哪一天我不答应你什么事情，惹得你生气，你还不也动手打我啊？"

波波一听这话，有点着急，半撒娇地说："妈妈……"

可妈妈并不买账地说："别叫我，我害怕你。"

波波疑惑地问："为什么？"

这时妈妈故作深沉地说："想知道吗？除非你向我保证以后再也不随便向小朋友发脾气了。"

波波很勉强地说："嗯……好吧。"

于是妈妈正了正身，很认真地对波波说："波波，君子一言，驷马难追啊，我相信你是个信守承诺的孩子。你想想你这么生气地打别人，会激起别人的愤怒，用同样的方式来对付你，或是一直把这件事记在心里，以后见面谁也不理谁，这样就会很不舒服。假如你在自己的生活中因为愤怒，得罪了好几个小朋友，人家谁还会跟你玩。而那些你没有得罪的小朋友，会不会因为你爱打人而怕你，最后也不愿意跟你玩？时间一长你还有什么

第3章
给孩子的"暴脾气"降降温

朋友,这样的孤独会不会很可怕?而这一切都是因为你爱向别人发脾气造成的。"

波波听了低下头。

看着儿子有认错的意思,妈妈继续说:"所以妈妈那个时候听了也怕你啊,万一有一天妈妈老了,没做到你要求的事情,你一生气也打了我,我该有多么难过啊。所以波波,要想让别人怎么对你,你就应该怎么去对别人。不要动不动就因为一点小事而跟别人闹矛盾,这样得不偿失,最后毁的还是你自己。这又何苦呢?难道你不喜欢身边都是愿意和你玩的好朋友吗?"

听了这话,波波若有所悟,在妈妈的帮助下,波波向君君真诚地道了歉,两人和好如初。

很显然,波波的妈妈是富有智慧的,面对儿子的攻击性行为,动之以情,晓之以理,没有打骂就顺利地落实了教育目的。

由此看来,真正的教育是需要让孩子自己意识到问题的严重性。面对孩子的攻击性行为,再多的指责也不如让他自己明白后果的严重性,这样他才会在之后的日子里妥善抑制,时刻把妈妈的引导记在心上。

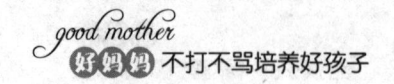

赞扬驳斥都需要有度

无论做什么事情都讲究一个度,对孩子的教育也存在个"度"的问题。在生活中,孩子总是会对自己的妈妈提出这样或是那样的要求,也会在一件事情上不由自主地讲出自己的观点和想法,在这个时候,妈妈就应该加以注意了,面对孩子的想法,你可能会加以赞赏,也可能会给予否定,但是,不要轻易地做出判定。

每个孩子都希望得到妈妈的夸奖,这是毋庸置疑的。当妈妈夸奖孩子的时候,孩子会感到无比开心。当然,孩子的想法终归是不够深邃的,而且往往还漏洞百出,妈妈如果总是不停地批驳孩子的观点,那么自然对孩子也是不公平的。所以,一个合格的妈妈不是将自己的孩子夸成"神童",也不是将自己的孩子驳斥得"一文不值",而是能够让孩子在充满自信的同时,又认识到自己的不足。

妈妈对孩子思想和性格的形成往往起着至关重要的作用,

第3章 给孩子的"暴脾气"降降温

当孩子表露出自己的要求或是观点时，妈妈们也应该转动脑筋来思考。如果孩子的要求或想法是不可理解的，那么妈妈就应该对孩子说出你的想法，比如："妈妈是能够理解的，不过妈妈想问一下你为什么有这样的想法？能告诉我你下一步的计划是什么吗？"而不是直截了当地说"你想要什么跟妈妈说，妈妈一定满足你"，或者是"我家宝贝就是聪明，说得都很对很好"。

过分地肯定孩子的观点和要求，会让孩子变得更加骄纵和肆无忌惮，也会灌输给孩子一种"我说的都是对的，没有人能够超过我"的思想。而过分地斥责孩子的观点，往往会打击孩子的自尊心和自信心，会让孩子有种我说什么都是错的，那以后我干脆就不说了，"我什么也不行"的思想，更不利于孩子的成长。

李梅在屋里看杂志，儿子在楼下和邻居家的孩子玩耍，突然她听到有小孩的哭声，一开始以为是儿子哭了，便立刻跑下楼。到了楼下才发现，原来是邻居家的小庄在哭。

李梅看到小庄手里拿着一个已经摔坏的汽车模型，而儿子手里的汽车模型没有坏，李梅当然知道儿子手里的汽车模型是自己前天刚给他买的，因为之前的那个已经坏了。李梅跑过去问儿子是怎么回事，儿子不说话，李梅已经猜到这件事情必定跟儿子有关。

随后，李梅将邻居家的孩子送回家，然后和儿子回了家。

回家之后，她问儿子为什么小庄手中的汽车模型会被摔坏。这时儿子才肯说："是我不小心摔坏的。"李梅心想那也不对啊，就是摔坏了汽车模型，小庄也不至于哭得那么厉害啊。"那小庄为什么哭了？"李梅接着问道。"我怎么知道他为什么哭，他本来就是鼻涕虫。"儿子没好气地说道。李梅知道这件事情肯定有蹊跷，便说道："那好，是你把人家的汽车模型弄坏的，那就把你的那个好的送给人家作为补偿吧。"儿子一听这话，便嚷道："我不，这个新的汽车模型是我的，再说前两天他还把我的汽车模型弄坏了呢。"李梅听完儿子的话，想起来前几天儿子说自己的汽车模型坏了，原来是小庄弄坏的。"我今天把他的玩具玩坏了，我就不赔。"儿子倔强地说道。李梅说："那你总要给小庄道歉呀，毕竟是你弄坏的。"但是儿子坚持不去道歉，说错不在自己。

李梅当然知道错在儿子，但是她没有直接斥责孩子，而是对儿子说："儿子，你现在把小庄惹哭了，他的玩具也坏了，以后你从幼儿园回来，找谁玩呀，小庄肯定是不会和你玩了。"儿子思考了一会儿说道："那我找小美玩。""小美去她姥姥家住了，前两天就走了，你又不是不知道。"李梅继续说道。

过了一会儿，儿子似乎想到了什么，便对李梅说："妈妈，你要陪我去跟小庄道歉，玩具我可以跟他一起玩，但是不能送给他。"李梅听到儿子这样说，便知道儿子已经想通了。

第3章 给孩子的"暴脾气"降降温

面对孩子的观点,妈妈首先要做这样几件事:

1. 语言上可以"欲抑先扬"

所谓欲抑先扬,就是即便孩子的观点存在明显的漏洞和不妥的时候,也要先表扬一下孩子,比如夸赞他有自己的思想。然后再进行正面和正确的引导,千万不要上来就劈头盖脸地一顿斥责,这样孩子不但不容易接受,甚至还会产生抵抗的情绪。

2. 即便孩子做得再好,也要掌握表扬的度

即便孩子在各方面表现得都挺好,也不要一味夸奖,尤其是不要用过度的语言来夸奖他,比如说"我家宝贝是最好的,没人可以比"。这些言语往往会让孩子产生骄傲的情绪。

其实,孩子的很多想法和意识都需要妈妈来指导,例子中李梅对儿子采取的措施并不是严格地斥责孩子,也不是大骂孩子,而是积极地引导他去改变自己的思想,这样不但容易让孩子接受,还能够达到更好的效果。

妈妈在面对孩子的错误思想时,不要严厉地加以斥责,也不要过分地加以夸奖,而是要把握好一个教育的度。

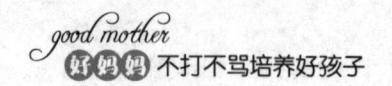

不打不骂也能让孩子好好听话

不仅仅是大人,孩子也需要知音。而最容易成为孩子知音的人,恐怕就是妈妈了。当然妈妈们也十分希望了解自己的孩子。要知道跟孩子交流本身就是一门学问,如果你的话语太过尖锐,那么孩子是不会接受的;如果你的言语没有力度,那么在孩子犯错之后,也是不利于他们改正的。

妈妈们要想和自己的孩子成为朋友,就应该学会把话说到他们的心坎里去,或者是说,让孩子十分愿意与你交流,遇到事情也愿意与你分享。在孩子的世界里,有属于孩子的思维和语言,甚至在妈妈们看来,孩子的语言和思维是那么荒谬,而这种荒谬的行为可能就是孩子喜欢的生活。如果妈妈们不懂得用孩子的思维去衡量,而是用成人的思维来衡量时,母子的距离就会逐渐变远。

很多妈妈会觉得跟孩子讲道理,那就是"对牛弹琴",还不如吓唬他们几句来得实在。尤其是在妈妈们辛辛苦苦工作

第3章 给孩子的"暴脾气"降降温

了一天,回到家后还要洗衣做饭的时候,如果再碰到孩子不听话,那么妈妈们更不会有耐心去正确地教导孩子,往往会不问三七二十一,上来就骂孩子几句。不过,这种方法真的有用吗?

刘霞的儿子在学校是出了名的调皮,每个星期,儿子的老师都会打电话将这周儿子犯的错误一一告诉她。她也知道儿子十分难管,自己平时打也打了,骂也骂了,但是丝毫起不到作用。

周二,刘霞去学校接儿子回家,老师又像往常一样跟她告状。老师说:"刘女士,您的儿子今天上课不好好听讲,还将同桌的橡皮弄丢了,超超(刘霞的儿子)实在是太调皮了,我们做老师的实在是没有办法了,你们做父母的好好管教一下孩子吧。"刘霞很无奈,跟老师说了几句好话之后,便将儿子带回了家。她回家之后,问超超在学校到底做了什么,没想到孩子满不在乎地说:"老师不是都告诉你了吗,还问我干吗?"

今天刘霞的工作本来就不顺利,再加上自己忙了一天也很累,老师又当着那么多人的面把自己当孩子一样教训了一通,回来好言好语地跟儿子说话,他不但不知错,还这样漫不经心地和自己说话,刘霞忍着的怒火一下子就冒了出来,对孩子嚷道:"你这个没良心的东西,你知道妈妈每天多忙多累吗?妈妈这么辛苦不就是希望你能够好好学习吗?"

对于刘霞的这套言论,超超早已经听了不知道多少遍,他反驳道:"那妈妈别那么辛苦了,我也就不用学习了。"听到儿子这样说，刘霞更是心凉了。她知道不管自己再说什么，再怎么生气，儿子都不会有所悔改。因为儿子的教育问题，她绞尽了脑汁。

一次，正好碰到了一个很好的朋友，两个人聊着聊着，就聊到了孩子的教育问题，刘霞将自己的苦恼告诉了她，没想到好友却说："你儿子是故意跟你作对的。你平时不是喜欢吼叫他吗？他就故意做坏事，这是他的逆反心理。"刘霞问那该怎么做，好友告诉她："等你的儿子犯了错之后，你这几天先不要在意，就是不要管他，对他视而不见，这样慢慢地他觉得没意思了，自然也就不再没事找事了。等他冷静下来的时候，你再找一个合适的机会，跟他好好谈谈。谈的时候不要再说以前说的那套话语，而是要跟他讲讲其中的道理。"

刘霞照做了，在接下来的一个星期内，刘霞故意不理会儿子的事情，即便是老师再怎么样要求刘霞回家管教孩子，她也当什么事情都没发生过。在第二个星期，儿子渐渐变得消停了，不再没事找事。半个月过去之后，有一天，儿子正在看动画片，刘霞问儿子最近在学校开心吗，没想到儿子竟然主动地跟刘霞说老师夸奖他了。刘霞自然不会放过这个机会，先是夸奖了儿子最近很乖，然后跟儿子谈起心来。之后，儿子很少在学校里犯错，老师也很少再跟刘霞告状了，儿子的学习成绩渐渐有所好转。

第3章 给孩子的"暴脾气"降降温

其实，妈妈们会因为各方面的原因而在遇到事情的时候，用打骂的方式来教育孩子，这种方式会让孩子产生叛逆的心理，如同超超一样，正是因为刘霞遇到事情之后，总是在打骂孩子，孩子产生了"我就不好好学习，我就不听话，看你怎么着"的叛逆思想，这样要想让孩子变得听话，那么也就会有一定的困难了。

生活中，妈妈要怎么样把话说到孩子的心坎里去呢？

1. 孩子犯错之后先安慰，这是最重要的一步

孩子犯错之后，多半会觉得很紧张和恐慌，尤其是他们并非故意犯错或者是好心办了坏事的时候，内心更是很难平静。妈妈在这个时候最重要的就是能够很好地安慰孩子，不要让孩子感觉不到温暖。如果在这个时候，妈妈能够站在孩子一边，那么他们就会很听妈妈的话。

2. 看事情要站在孩子的角度上去看

不管孩子做的是对是错，要想走进孩子的内心，就要懂得用他们的思维去思考问题，这样妈妈才可能找到共同的话题，在一些事情上达成共识，让孩子有种找到了了解自己的人的感觉。

3. 尊重孩子的决定和选择

有的妈妈觉得孩子的选择不理智，为了让孩子能够更快地成功，她们便强行要求孩子放弃他们的想法，跟随自己的主张。可是这样一来，孩子会觉得自己没有得到应有的尊重，自然不会开心，更不会把你当作朋友了。

当孩子犯错之后，他们会很紧张，这种紧张主要是害怕受到妈妈的责骂。其实，妈妈们没有必要在孩子因为没有好好学习而月考不及格之后，对孩子又打又骂。要知道孩子学习不好，最着急的是他们自己，妈妈们根本没有必要再用这种方式来刺激他们。这样做的结果可能会造成孩子的叛逆心理，或者是让孩子感到自卑。

温和是叛逆最好的解药

晓彤上初中后，言行上更加叛逆。妈妈的嘱托，时常被她看成是"唠叨"。妈妈有些失落，觉得女儿越来越陌生。

上小学时，晓彤乐意被叮嘱，也总会乖乖地答应。如今上了初中后，晓彤像变了一个人似的。凡事她都想和妈妈拉开距离，都想按自己的意愿来。妈妈不同意，她就会特别反感，还时常顶嘴。

有一次她进家门时，妈妈见她耳朵上有一个亮晶晶的东西，仔细一看，竟然是一枚耳钉。看着女儿，妈妈没说话。

最近，晓彤的花销也在增大，衣服也常换新款式。有一次，妈妈抱怨了她几句，晓彤一赌气，一个星期都没和妈妈说话。

女儿处在叛逆期，妈妈也很不适应，觉得和女儿间有堵墙。

有人说，逆反是孩子的天性，是孩子在展示自我独立意识，此话不假。但孩子太逆反，容易加深亲子间的隔阂。逆反，间接地筑造出亲子交流的"围墙"。

孩子进入青春期，也被称为逆反期。这个时候，妈妈会有很多不适应，觉得突然被孩子推开了。这种现象，是一种正常的现象，每个妈妈都会经历。

现象虽然正常，但如果妈妈不擅长处理，就会造成一系列的负面影响。例如，见孩子逆反就打骂，会加重其逆反心理；误解孩子，觉得他学坏了；隔阂加重，认为孩子不爱妈妈了等。这些都是妈妈不懂得应付逆反，造成了负面影响。

孩子进入逆反期，多数妈妈会面临交流障碍：其一，孩子追求独立，不愿意轻易敞开心扉；其二，孩子的人生观、世界观有了新变化，喜欢新、奇、异的事物；其三，妈妈还用老眼光看孩子，停留在逆反前的阶段。这些都导致了交流的障碍、隔阂的加深。

逆反期，还被称为敏感期。孩子的情绪波动大、个性不稳定，对人、事都处于新的尝试期。妈妈唯有小心应对，才能打破隔阂的"墙"。

孩子进入逆反期，妈妈要注意察言观色，注意说话语气。小学阶段，妈妈急了，吼两声没什么问题。孩子进入青春期，妈妈若随意吼骂，会伤害孩子的自尊心。这一阶段，孩子觉得自己长大了，更希望被平等、尊重地对待。

这一阶段，孩子的情绪更复杂，考虑的问题也更多。小时候，他只关心吃喝玩乐的事情；如今，孩子会评判事情的意义，会考虑异性的关系，会形成新的价值观和世界观。

孩子要学习，要用成人的思维看待这个世界。妈妈唯有多察言观色，才能更了解孩子。

孩子进入青春逆反期后，妈妈要调整与他的交往模式。妈妈要多关心孩子，让孩子既感受到爱，又不觉得被干涉。

在生活事务上，妈妈要一如既往地关心孩子，但要转换角度。有一些事情属于孩子的私人事务，孩子不想说，妈妈就不要执意干涉，否则容易激起他的逆反情绪。

曦曦上初中后，和妈妈的关系远了一层，凡事不爱和妈妈说了。妈妈知道，女儿长大了，更独立了。

妈妈没有忽略关心她，常常对她嘘寒问暖。妈妈的话题，也无非是学校的饮食怎么样、钱够不够用之类。曦曦也会如实答复，和妈妈聊聊天。

以前上小学时，妈妈还常问她和朋友的事，如今，曦曦不愿意说，妈妈也不再多问。

有时候，曦曦因私人的事情想找妈妈商量，例如同学过生日送什么好等。妈妈听后，也会给出中肯的建议。

曦曦和妈妈虽然不及以前亲昵，但还是很亲密。

孩子进入逆反期，妈妈要主动调整交往模式。妈妈要传递关爱，让孩子在价值观、人生观的变动期，更多感受到家庭的温暖。

妈妈还应给予孩子充分的尊重，承认孩子的独立性，允许他施展才能及个性。

孩子进入逆反期，会有许多新举动，这在妈妈眼中，就是追求新、奇、异的东西。孩子迷恋这些，和妈妈的共同点就会减少。妈妈若不认可孩子，更容易造成各种沟通障碍。妈妈若想重建沟通桥梁，就得努力寻找共同点。

智渊上高中时，在学校住宿。他放月假回家时，妈妈发现他的包里有好多化妆品。妈妈看了看儿子，有些难以接受。

吃完饭，儿子摊开一本时尚杂志，津津有味地看了起来。妈妈看着儿子的装扮、神态，觉得他真是长大了，在追求个性了。

妈妈主动跟儿子聊时尚，没想到儿子滔滔不绝，说得很精彩。一席话后，妈妈也懂了不少时尚信息。智渊见妈妈有兴趣，主动给妈妈提出建议，教她如何打扮。妈妈发现，和儿子一起谈时尚，母子间更亲密了。

妈妈要跟孩子增进沟通，就得主动了解孩子，寻找双方的共同点。妈妈主动和孩子聊共同点，孩子有兴致说，妈妈也用心听，心的"围墙"才会慢慢消除。孩子的想法多，喜欢新鲜事物，这是值得提倡和鼓励的。妈妈要学会接纳，因为只有这样，才能打破隔阂，增进亲子之间的交流和沟通。

孩子逆反是正常现象，但逆反的事也有是非之分。有一些逆反严重出格了，如果违背了道德和法律，是绝对不行的。例如，孩子沾染了不良嗜好，像抽烟、酗酒、赌博、抢劫等。孩子在逆反期做出这些事，妈妈一定要给予批评和教育。

妈妈面对孩子的逆反，要有一双火眼金睛，明辨利弊，不打击积极的东西，也不纵容不良的恶习。妈妈心中有原则，才能引导孩子顺利地度过逆反期，走向成熟。一旦孩子的价值观、世界观基本稳定，各种逆反现象也就会慢慢恢复到正常状态。

让孩子学会正确宣泄情绪

珊珊是个高三年级的孩子。她家里不富裕，为了让她接受更好的教育，父母背负着很重的经济压力，因此珊珊学习很勤奋，成绩也很优秀。

可是随着高考的临近，珊珊心里的压力也越来越大。她不再像高一、高二那样，能够轻松自如地面对学习和考试了。她经常想"如果高考失败了会怎么样"，因此，她的学习成绩忽上忽下，一点也不稳定。

从表面上看，珊珊好像还是那么坦然和乐观，可实际上她是在掩饰和隐藏自己。她在日记里写道："马上就要高考了，亲爱的爸爸妈妈，我真的好害怕，害怕自己让你们失望，不知道该怎么办？我每天不敢想高考，只是拼命地学习，可是成绩却依旧不理想。"

没有人知道她内心的挣扎，她也一直压抑着自己的情绪，学习效果可想而知。

第 3 章
给孩子的"暴脾气"降降温

现代社会，生活压力与日俱增，孩子也同样面临着很大的压力。由于教育资源的紧缺，为了获得更好的教育机会，孩子从背上书包的那一刻开始，就同时背负起了巨大的升学压力。

在孩子求学和生活的过程中，失败和打击也如影随形。如何处理这些压力和失败带来的消极情绪的困扰，也是考验孩子生存能力的重要方面。

为了将来进入更好的中学和大学，小学生要努力参加各种竞赛、课外辅导班，努力提高自身的竞争力。而进入中学的孩子，则面临着高考这个重大的考试，压力可想而知。

这些孩子也许家庭不富裕，甚至在沉重的学业负担之余，还要为经济情况而忧心。孩子追梦的过程并不是一帆风顺的，他们还随时面临着失败和挫折的打击。

沉重的压力、不可预知的后果、有限的心理承受能力，要求孩子必须学会合理地宣泄，把这些压力和失败带来的消极情绪，从人生的行囊中掏出去，从而轻松地迎接未来的风雨。

一个不懂得合理宣泄的孩子，很可能走上两条极端之路：一种是直接宣布投降；另一种是不敢面对现实，消极逃避。

第一种极端，妈妈容易发觉，也可以及时采取措施，对孩子进行引导和教育。而另一种极端不容易被妈妈发觉，很可能导致最终的失败。

在上述案例中，赵鹏的情况就属于后一种。他表面看起来非常正常，但事实上他却在逃避，不稳定的成绩已经说明了一切。

过大的压力和打击带来的消极情绪，长期堆积在心里，得不到及时宣泄，将严重影响孩子的心理健康，并最终危害孩子的身体。而那些总是用逃避的方式来掩饰和隐藏情绪的孩子，则很可能在将来遇到任何困难时习惯性地选择逃避，形成不良的行为习惯，最终一事无成。

在面临重大的考试或者受到失败的打击时，如果孩子表现出反常的乐观，妈妈就应该警惕孩子是否正在逃避。

在这种情况下，妈妈应该主动跟孩子谈论考试和失败，引导孩子正视现实。

12岁的岚岚正在读小学六年级，她的学习成绩一向很好，因此家人对她抱有较高的期望。马上就要面临小升初的考试了，妈妈发现她的成绩变得非常不稳定。妈妈听说游戏可以缓解孩子的压力，便常常带她去游乐园玩。岚岚每次都玩得很开心，从不主动提及考试，但她的学习成绩却不再上下波动了。

在孩子遇到失败或者面临人生的重大考验时，妈妈可以带孩子去游乐园玩游戏进行合理宣泄。

倾诉也是一种非常好的宣泄方式。孩子用倾诉的方式把自己的忧虑、苦恼以及生活中的不如意统统排解掉，之后便会感到非常轻松与愉悦。

倾诉有很多种方式，可以向朋友、家人倾诉，也可以一个

第 3 章
给孩子的"暴脾气"降降温

人自说自话，也可以通过写日记的方法倾诉。但一般向别人直接倾诉，效果更好一些。

妈妈应该及时觉察孩子的情绪变化，借助有利的时机让孩子尽情地倾诉。例如孩子一个人发呆的时候，说明他的心里非常矛盾，妈妈可以走过去跟他聊聊天，引导他倾诉。

有的妈妈总觉得哭泣于事无补，看到孩子哭就很烦，第一反应就是制止孩子。这样的妈妈总是强调"哭是一种软弱的表现，所以孩子不能动不动就哭"。

其实，哭泣是人的一种本能，也是短时间内释放不良情绪的最好方法，是比较有效而"环保"的方法。有研究称：眼泪能带走人体内的有害毒素，能够缓解心理压力和痛苦。因此看到孩子有不良情绪，要允许他哭一会儿，必要时还要引导他通过哭泣来发泄不良情绪。

在孩子哭的时候，妈妈可以抱抱他，也可以轻轻地拍拍他的身体，安抚他，让他慢慢地安静下来。

这一天，祝建国和弟弟为了一个玩具争吵了起来。妈妈看见了，急忙制止他们，并且轻声责备了他们两个。这时，弟弟只是不高兴地低下了头，而祝建国却面红耳赤地指着弟弟大喊起来："都是你的错，让我被妈妈说……"说着说着，竟然大声哭了起来。

看到这里，妈妈没有制止他，而是把他们俩都揽到怀里，轻声说:"没事啦,只要你们下次不再这样,妈妈还是那么喜欢你们啊。"听到这里,弟弟也大声地哭了起来,而祝建国则哭得不那么伤心了。

不一会儿,两个孩子哭完了,弟弟对祝建国说:"对不起,哥哥,我不应该抢你的玩具。"祝建国赶忙说:"不,弟弟,是我应该让着你。咱们一起玩吧。"然后两个孩子又高兴地玩了起来。

当然,对于孩子的哭泣,不能任由他们无休止地进行下去,真正有效的哭泣就像夏天的暴雨,来得快去得也快。无休止的哭泣只会起到反作用,所以也要适时而温柔地帮孩子停止哭泣。

合理宣泄,是指在不影响他人和自己正常的生活、学习的情况下,宣泄自己心中的苦闷、悲观、害怕、失败等负面情绪。这种宣泄不会带给他人危害,也不影响孩子的正常学习和生活,而且对于孩子释放自己的消极情绪也有良好的效果。因此,每个妈妈都应该学会引导孩子合理宣泄。

孩子有无理要求，你要会合理拒绝

人生最重要的是有一把规矩的戒尺，只有心里有了这把尺子，才能做到为人处世有分有寸，万事把握在刚刚好的位置。这样的人给人的感觉是舒服的，因为他们首先是一个很懂规矩的人，给自己留余地，给别人留余地，从来不强迫对方什么，而这种守规矩有分寸的性格恰恰就是一个人最完美的特质。

纵观中国五千年的历史，富有智慧的老祖先秉持淡泊明志的心性，将订立家规看成是整个家族延续的重要部分。在他们看来，金玉满堂，莫之能守；高官厚禄，难以相传，但只要家规不倒，家风不败，自己的后世子孙就一定能代代兴旺，原因就在于这种规矩的力量已经在他们的心里生根发芽。而他们秉持坚守的规矩，往往都是父辈祖先经过反复实践走出来的经验之路。

如今，身处在新时代的我们主张开放、自由，很少有人再把规矩这件事当回事儿了。觉得人生在世，活得已经很累，干吗要给自己设定这么多条条框框？因此在教育孩子方面也是如此，很多父母觉得，孩子的天性是很重要的，没有必要用那么多严格的条条框框去约束他。然而他们忘了，孩子对待这个世界的概念是模糊的，对于那些是非对错也没有什么正确的理解，假如这个时候我们再不明确地指出来，错过了这个为孩子立规矩的最佳时期，那么他们必然会在今后的人生道路上遇到很多自己难以解决的问题。

让我们回想一下，当孩子第一次提出无理要求的时候，你是如何处理的呢？假如你选择了顺应孩子，那么不难想象，孩子第一次得逞后，必然会再提出更多无理的要求，更可怕的是他们会在无形中形成一种自我放任的性格，一旦我们无法达到他的要求，后果将不可想象。不要说孝道、仁义，就算你多么真挚地为他付出，只要没有达到他的目的，他就不会放在眼里。假如这个时候你感到委屈，一切都已经太晚了。思来想去一番，能去怨谁呢？这一切不都是自己给惯出来的吗？

假如这一切对于你仅仅是一种噩梦的预告，如梦初醒以后，妈妈是不是应该高度重视了呢？

当孩子提出一些非理性要求的时候，妈妈可以问问孩子，假如我们是你的朋友，你提这些要求，他们会有什么反应？并给予他一些暗示，告诉他："这些无理要求肯定不会得到满足，相反招来的只能是别人的厌弃。"让他们明白，家里的父母可能会额外满足你，但你终究是要面对社会的。一旦从小养成这种陋习，就无法处理好与周围人的关系。

第 3 章
给孩子的"暴脾气"降降温

再则,妈妈可以不动声色地、适时地给孩子提出一些他难以接受的要求,当他接受不了马上要发作的时候,妈妈态度温和地告诉他,当你把无理要求传递给别人,总有一天别人也会把它不动声色地回敬给你,想让别人怎么对待你,首先要想好自己怎么对待别人。

曾经在一本名著中读到这样一个故事:

有一个孩子丢了一分钱,独自在大街上哭泣。一个好心人走过来问:"孩子你怎么啦?"

"我丢了一分钱,它是我一天的零花钱。"孩子伤心地说。

"哦,孩子不要难过,我来满足你的愿望。"于是好心人拿出了一分钱放在孩子手里。

没想到孩子还是很难过。

"孩子,你为什么还难过啊?"好心人问道。

"因为、因为如果我要是找到了我的那一分钱我就有两分钱了。"

"好吧,你已经找到那一分钱了。"好心人又掏出一分钱放在孩子手里。

可孩子仍然不是很开心。

"怎么了?又出什么问题了吗?"

"我、我在想,如果我再能找到我的那一分钱,我就有三分钱了。"

听了孩子的话,好心人摇摇头,就此离去。

看了这个故事,当时的感觉是这个孩子实在太贪了,一点儿都不知道满足,难怪会这么痛苦。可回头想想当今社会的孩子,有时候不正如故事里的孩子那样,在欲望面前迷失了双眼吗?

皮皮特别喜欢变形金刚,只要妈妈带他上街,他一定要去玩具店看变形金刚。一次妈妈带皮皮去逛商场,皮皮又要求去玩具店看变形金刚,他拿拿这个,看看那个,最后缠着妈妈给他买玩具。

无奈之下妈妈说:"那皮皮只能挑一个带回家。"

可是这时候的皮皮哪肯答应:"不,要买两个。哦,对,还有这个,这个我也喜欢。"

"可是妈妈没带那么多钱啊!"妈妈给皮皮亮出了钱包。

"我才不信呢,你骗人,你就是不想给我买。"皮皮一边抱着玩具,一边大声地说。

事情陷入僵局,皮皮一边抱着玩具,一边坐在地上哭闹。而妈妈也是看在眼里,气在心里。

看到上面这个例子,不知道你有没有想到自己生活中的影子,每每遇到类似的情况时,很多家长马上就会生起一股无名之火,真的好想把眼前这个耍赖的孩子好好地整治一番。其实,孩子之所以会这样,主要是看穿了家长的心思。只要自己一耍赖,又在众人面前,家长的面子肯定会不好过,这时候最希望的就是赶快结束这样的难堪,而自己也就可以见缝插针地得到自己

第3章 给孩子的"暴脾气"降降温

喜欢的东西了。而这种行为的主使，还在于一颗贪得无厌的心。

一位智者说，这世界上百分之九十的烦恼都来源于欲望。成人如此，孩子也是如此。看到同学家的玩具好，自家的所有玩具都会因此而黯然失色，随后的动机就是吵着让妈妈给他买和同学家一样的玩具；看着别的孩子有冰糕吃，尽管自己起初不想吃，但还是勾起了欲望，吵着让妈妈去买；明明刚刚结账买了一套连环画，突然发现其他小朋友手捧着一本连环画看得津津有味，于是非得让妈妈把那一套也买下来。

面对这样的事情，很多妈妈起初是包容，之后就开始变得难以忍受，可难以忍受又不知道怎么处理，真的让人头疼得要命。下面的例子，希望能对妈妈们有所帮助。

一天妈妈带齐齐去商场，齐齐一下就被眼前琳琅满目的玩具吸引过去了。他看看这个，摸摸那个，哪个都爱不释手。

齐齐："妈妈给我买一个吧。"

妈妈："那你挑吧，只能买一个。"

齐齐看了一会儿说："可是妈妈，这几个我都喜欢。"

妈妈："刚才你答应妈妈只买一个。"

齐齐："可是我现在改变主意了，我都想要。"

妈妈："都想要是吧？那就一个也别买了。现在咱们就回家。"

齐齐："妈妈，你不是说一会儿去吃肯德基吗？"

妈妈:"玩具都不买了,还吃什么肯德基啊!"

齐齐:"妈妈,你怎么那么残忍啊,我不就是想多买样玩具吗?"

妈妈:"妈妈要让你知道,一旦你觉得什么都想要的时候,往往什么都得不到。相反,当你得到一件东西,就倍感珍惜地好好看顾它,反而获得很多快乐。"

齐齐:"妈妈……"

妈妈:"自己做选择吧,是买一个,还是回家?"

齐齐:"嗯……妈妈别生气,我就买一个吧!"

是啊,齐齐的妈妈说得很对,人生这条路上充满了欲望,面对眼前的花花世界,什么都想要往往意味着什么都得不到。但假如自己可以坚定地选择一条路,不受到外界欲望的影响,反而可以活得很快乐。如果他们能够从小理解其中的含义,并将自我抑制融入到今后的人生,那么他们未来的生活必定充满幸福和快乐。

想给孩子一个幸福美满的人生吗?从现在开始教他学会抑制自己心中过分的欲望吧。

最后,告诉孩子,无理要求是无法得到应允的,不仅如此,还会带来很多的麻烦。

不管怎样我们都要记得,孩子的不良习惯一定要提前纠正,提前树立规矩,才能够让他们在今后的生活中活得更理智、更智慧。

第4章

情绪疏导，引导孩子说出心里话

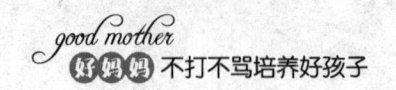

每个孩子都会有心事

很多时候我们会误认为心事这样的事情是女孩子的专利，男孩子大大咧咧，一般心里都不会存什么东西。但事实真的是这样吗？事实证明，很多男孩子到了一定的年龄，就会莫名地拥有很多心事、秘密和烦恼，如果这个时候妈妈没有意识到，那只能证明你太粗心了，至少不是一个细心的妈妈。

"小小少年，很少烦恼，眼望四周阳光照……一年一年时间飞跑，小小少年在长高。随着年岁由小变大，他的烦恼增加了。"这是我们小时候一首最富哲理的歌，歌中的少年从简单快乐，一点一点地进入了烦恼的世界，尽管在大人的眼中，这些烦恼可能算不了什么，但对于孩子而言，却是一种自我困扰。倘若这个时候不能有效地解开这种困扰，那么这些困扰很可能就会成为一个又一个的包袱，压在孩子的身上，困扰他们很长时间。当然，也可能是一辈子。

很多妈妈认为，心事应该跟男孩子无关，他们生性好动、

第4章 情绪疏导，引导孩子说出心里话

阳光、天真无邪、大大咧咧的性格应该会帮助他们更好地疏散烦恼。可终于有一天，我们听到了他的声音："有心事又不是女孩的专利，谁说男孩没心事？男孩的心思你们知道吗？"面对这一连串的问题，很多妈妈可能一下被震住了，说实话，如果碰见这样的事，一点儿心理准备都没有的话，还真不知道怎么回答，心里只能一遍一遍地回答："我的儿子竟然有心事了，那该怎么办呢？"

其实，男孩有心事也是一件很正常的事情，男孩的个子一天天在长高，在成长的过程中，会从家里到幼儿园，再到学校，接触的人和环境不同了，想法也会发生改变，这个时候摆在他们面前的问题和选择会越来越多，而这一切都很有可能成为他们想不通的烦恼和心事。尽管在我们看来这些心事仍然很单纯，但如果不能巧妙地介入引导，就会成为他们的负担，尚且稚嫩的他们，有时还真的不知道怎么处理。

光光的妈妈最近发现儿子总是怪怪的，放学回来总是垂头丧气的，一脸不高兴的样子。这现象让妈妈很奇怪，儿子以前总是开开心心、活蹦乱跳的，怎么最近就变成这个样子了呢？

于是，一天吃过晚饭，借着光光在沙发上看电视的时间，妈妈问道："光光最近和同学相处得怎么样啊，在学校还适应吗？老师最近有没有表扬你啊？"

光光："还好吧！"

妈妈:"那你为什么不开心?心事重重的?"

光光:"说了你也不懂。"

妈妈:"谁说不懂啦,妈妈又不是没从你这个年纪过来过,告诉妈妈,说不定还能帮你想出解决问题的好主意呢!"

光光:"真的?"

妈妈:"当然啦!不信你告诉我啊。"

光光想了想,说:"我告诉你,你可别告诉别人。"

妈妈:"放心吧,我一定做好保密工作。"

光光:"你还记得冰冰吗?"

妈妈:"知道啊,不是你的好朋友吗?"

光光:"他马上要转学了,他们全家可能都会搬到另外一个城市,到时候想见面都难了。听说最近他的家人正在办理转学手续,我马上就要失去好朋友了。他说他会给我写信,我才不信呢,很多好朋友都是因为不在一起,感情就淡了,甚至一辈子都见不到了。更令我生气的是,他一点都不难过,反而很兴奋,他说他早就不想在这个学校待了,一点都没有在意我的感受,竟然无视我的存在,亏我还对他这么好。一句安慰的话都没有。哼!"

听了光光的话,妈妈笑着说:"这事很好理解,每个人的一生中都会有很多朋友,老朋友走了,还会有很多新朋友陪伴你。再说作为好朋友,你不是也希望他快乐吗?或许到另外一个城市他会更快乐呢？况且你们可以经常打电话啊，放假以后说不定还可以到另外一个地方跟他玩呢。妈妈听说，你现在不是和特特也很好吗？以我儿子这社交能力，身边还能没有好朋友吗？"

"可是……"

"光光啊，人这辈子有些时候就得面对现实，有的朋友只能陪你走一段路，之后你再也找不到他了，但这个时候老天爷说不定又把一个更好的朋友带到你面前，而你和他又会在一起走一段很长的路。所以交朋友这件事，只要无愧于心，珍惜与对方一同走过的每一天就好了，除此之外不要奢求什么，友谊之路反而会更长远。随着你年龄越大，就越会感觉到这一点。"

光光点点头问道："那妈妈，你也是这样吗？"

妈妈："是啊，这就是妈妈用自己的人生经历总结出来的。"

光光："好吧，该放手的时候，就放手吧……"

光光的妈妈是智慧的，在关键的时候帮助儿子解开了心结。不要说孩子的心事不是事，孩子的心事很简单。一个简单的事情，也可以有多种多样复杂的表现，假如这个时候将人生的真理渗透其中，或许你说的每一句话，孩子都会记在心里。这将成为他一辈子的启迪，每到想不通的时候，就会自动翻出来劝勉自己，这是一笔宝贵的财富，可以受用一生，一字一句都是你留给孩子的至理名言。

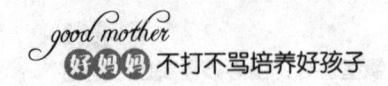

放下妈妈的架子，跟孩子交交心

妈妈希望能更好地了解孩子的内心，但有些时候觉得自己在落实这件事时，总是表现得苍白无力。隐隐之中，妈妈总是羡慕那些有经验的教育工作者，不到几分钟就能和孩子打成一片，所说的话还都能让孩子欣然接受。究竟自己差在哪里？总结来，总结去，还是在"交流"二字上出现了问题。

现在，虽然与孩子沟通这件事已引起了很多妈妈的高度重视，她们也非常渴望成为家中孩子身边的良师益友，能够更好地把握孩子的心理动态。可明明自己想得很好，真到做的时候，结果却一个天上一个地下。孩子冷不防的一个问题，就搞得她们不知所措，不知道下面的计划该如何进行。于是有的妈妈感慨道："不知道是不是天分问题，怎么与孩子交流会这么难？明明看着别人做起来是件那么容易的事情啊？"

那么问题究竟出在哪里呢？一位教育专家给出了答案："妈妈与孩子沟通出现了问题，原因往往并不在孩子，他们有的时

第4章 情绪疏导，引导孩子说出心里话

候之所以会提出一些古怪的问题为难妈妈，是在用这种行为向妈妈发出信号，不要以为你是大人，智商就比我高，我知道很多你不知道的东西。而这个时候的妈妈明明自己不知道，却不愿意放下妈妈的架子，始终保持在死要面子活受罪的状态。长此以往，怎么能够打开孩子的话匣子？所以在这里呼吁孩子的妈妈，一定要学会放低姿态，你不蹲下来和孩子交流，怎么能够让他体会到平等的尊重？你不先放下妈妈的架子，怎么走进孩子的内心世界？你不去以孩子的眼光看待问题，又怎能说得上真正的了解？你不先去感受孩子的心灵，又怎能展开话题？这一切都是环环相扣的，而很多妈妈至今都没有意识到，与孩子友好沟通对于亲子关系、对于孩子的成长是多么重要的事。"

现实生活中，很多妈妈真的很不会跟孩子聊天，每天早晚沟通的话题就是围绕着生活的那点琐事："晚上有没有好好睡觉啊？是不是又蹬被子了？""在学校有没有听老师的话啊？""作业做完了吗？""和同学关系搞得怎么样啊？""晚上想吃什么啊？"除此之外再无其他，而孩子似乎也已经习惯了这种询问，一边心不在焉地听，一边心不在焉地答："挺好的啊！""我睡得很香啊。""作业做完了啊！""晚饭随便啦！"时间一长，妈妈与孩子的交流似乎就成了一种例行公事，妈妈不知道怎么延续谈话，孩子也不愿意透露内心，这样下去，势必两者的距离会越来越远。

那怎么办呢？下面就给妈妈们提供一些小对策，看看那些

聪明的妈妈是怎么顺顺利利地让孩子敞开心扉的。

1. 先从孩子感兴趣的题外话说起

与家中孩子交流，最重要的一点就是吸引他的注意力，让他觉得话题很有趣，之后再把自己关心的话题引出来，他就会不知不觉地说出自己的心里话。

妈妈："乐乐，今天妈妈路过一家玩具店，发现里面有好多的小赛车，还有一些孩子在那里围着组装，我觉得真有意思。"

乐乐："是啊，现在我们班好多同学都特别迷这个，他们每天回去看相关的动画片，有空的时候就自己组装赛车，然后相互比赛。"

妈妈："你喜欢吗？"

乐乐："当然了，我觉得他们能玩好我也能玩好。"

妈妈："对了，期中考试快到了吧？准备得怎么样啦？"

乐乐："还说呢，现在老师出的题越来越难了，题量还特别大，好多同学模拟考试没答完就被收卷子了。"

妈妈："那怎么办啊？老师怎么能这么出题啊！对吧！不过想想应该也是对你们好。"

乐乐："我还行吧，能应付。"

妈妈："嗯，好好考，等考完试，你带妈妈一起组装一台像他们一样的赛车好吗？但先别老想这事，学好才能玩好。"

乐乐："真的？太好了，没问题！妈妈你知道吗？今天上学的时候，我们有一个同学……"

简单几句话，孩子就和妈妈无话不谈了。

2. 先从别人的事谈起

说自己的事总是敏感的，说别人的事就轻松多了，所以妈妈和孩子聊天时不如先说说别人的事，让孩子放下自己的心理负担。

妈妈："磊磊，今天我和你们班同学照照妈聊天，她说照照最近情绪有点不对，好像被情所困的样子。"妈妈有一搭无一搭地说。

磊磊："哈哈，他啊，他偷偷给我们班一女同学写信，被女同学交老师那里去了，可尴尬了。"

妈妈："怪不得，以前看他挺老实的，怎么做这样的傻事儿。"

磊磊："哎，就是早熟呗。"

妈妈："那你早熟吗？"

磊磊："我才不想这么快就熟了呢，熟也是被考试考熟的。"

妈妈："呵呵，我们家儿子行，有自控力。对了学校最近有什么新闻？跟妈妈说说！"

磊磊："有啊，我跟您说啊……"

既让孩子敞开心扉，又达到了告诫孩子不要早恋的目的，智慧的妈妈可谓一箭双雕，轻而易举地实现了零距离沟通。

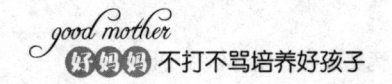

3. 以小说大，无形之中正确引导

假如动不动就拿大事压人，那谁也不愿意过多发表言论，但是说点小事，以小说大，不但能让孩子懂得其中的道理，还能让他更容易接受妈妈的意见。

妈妈："薇薇，你知道发生在你的好朋友蕊蕊身上的事吧？"

薇薇："她怎么了？"

妈妈："她不是总爱吃手吗？怎么说都不听，结果这次住院了，说是感染，要打点滴。"

薇薇："天哪，怎么这么严重？"

妈妈："是啊，我也觉得呢。后来我看电视说爱吃手的人肚子里会长蛔虫，一拍片子那个恶心哦。"

薇薇："啊，我已经吃了很长时间，怎么办？"

妈妈："那就看你自己的喽，反正我以后是要勤洗手。对了，最近学校有什么有意思的事吗？"

薇薇："有倒是有，不过……"

妈妈："哎呀，别想了，蛔虫太恶心，聊点别的，帮妈妈分散一下精力……要不然讲个笑话？"

薇薇："好吧，从前……"

从身边的一件小事，讲到了吃手对身体带来的危害，同时马上转移话题，和孩子开始了进一步的沟通，无形中为孩子指引了方向，可见这位聪明妈妈的智慧多么了得。

做孩子最信任的知心人

一次我出门见了个朋友，聊起孩子的时候，她感慨良多："如今的孩子真的不容易，学校就好像个小社会，我家孩子上学以后，话越来越少了。真让人着急。"于是我问她有没有跟孩子针对这个问题好好谈谈。她笑了笑说，聊过。她还把与孩子的对话复述了下来，听完以后忽然发现，原来在孩子的世界里，真的需要一个靠谱的知心人。

妈妈："小林，最近和班里的同学相处得怎么样啊？"

小林："嗨，装装样子吧。我才不会把自己心里的事告诉他们呢！"

妈妈："为什么呀，他们不都是你的好同学吗？"

小林："好同学？哼！他们都是装出来的。前几天我亲眼看见邻桌的小胖跟一个同学说了一个自己的小秘密，第二天那同学就拿来当众取笑他，搞得他一脸难堪。这还不算最严重的，还有一些拍马屁的破孩子，哪怕就是你不经意间说错了什么被他们听到了，都会立刻偷偷向老师汇报。明明是小事，一下子被搞得那么严重，万一哪天老师想起来，在全班点名批评，那脸往哪儿放啊，所以他们都不值得交心。"

妈妈："那你有心里话跟谁说啊？总不能自己堵在心里啊。"

小林："还能怎么办？跟自己说呗。虽然很多事情我都不知道怎么办，但总比让别人知道了再用它来整治我强多了。妈妈你知道吗？现在班级里的事也越来越复杂了，就像你说的，跟个小社会一样，我不喜欢啊！唉，可惜我就得在里面待着，怎么办呢？"

听着孩子滔滔不绝的抱怨，家长怎能不担心呢？孩子到了一定的年龄段，虽然处理事情的能力和意识还不成熟，但已经在大人身上学到了很多东西，其中既有精华又存在糟粕。这种表现在家并不明显，而到了学校就是另外一个小天地，彼此产生过节儿和不信任的事情时有发生。其实，如果这个时候家长能够以倾听者的身份介入他们的思维判断世界，就可以在关键时刻扭转他们意识中的困惑和行为上的误区，不至于因为长时间找不到倾诉的对象而把所有问题积攒在心里，最终导致心里承载不了那么重的负担而出现心理疾病。

或许这个时候有的妈妈会说："可我怎么介入啊，他回来什么都不说，跟我的沟通也很少，主动问他还嫌烦，我到底该怎么办啊？"听着这样的困惑，首先只能说你与孩子已经产生

第4章 情绪疏导，引导孩子说出心里话

了一定的距离，而想缩短的话，就要采取一定的方法加以改善了。那么我们应该怎么成为孩子的知心人呢？看看下面的方法，希望对大家有所帮助。

1. 一边郊游，一边聊天

假如整天闷在家里，气氛肯定让人郁闷，尤其是孩子在学校遇到一些困惑的时候，出于防备，肯定不会主动告诉妈妈。这时候，妈妈应该先让孩子放松下来，找个周末，一边带着孩子郊游，一边下意识地以聊天的方式跟他交流感情。聊天中妈妈可以先说一些小事，然后慢慢地转移到最关键的地方。一旦孩子打开话匣子，就不要打断他，让他尽情地倾诉自己的感情。等他说完，自己可以以过来人的身份和他一起分析，最终凭借自己的经验一点点引着他解开心结。当孩子觉得这样的聊天很棒、很轻松的时候，妈妈就不要再含蓄，而是用真诚鼓励他把自己看成一个靠谱的可倾诉者，要给他暗示和力量，让他在意识中相信他的妈妈很聪明，总有很多好点子帮他渡过难关。

2. 不要当着孩子的面给老师打电话

不可否认，妈妈和老师在教育这个问题上是需要相互配合的，但是孩子出现一些问题的时候，即便是想和老师沟通，听听对方的意见，也最好不要让孩子知道。毕竟孩子还小，心里

还是有抵触情绪的,当他发现自己的妈妈和老师来往很密切,就会潜意识里认为把秘密告诉妈妈是件很不保险的事情,因为不知道什么时候妈妈就可能在电话里告诉老师,然后自己就会陷入尴尬的处境,与其如此,还不如闭上嘴巴,跟谁也不说。

所以,想要让孩子敞开心扉,就要让他感觉把话说出来很安全,没有任何的危险存在,要让他对妈妈充满信任。所以,妈妈在这点上一定要注意,要让孩子知道,这个沟通仅仅就是妈妈和孩子的事,除此之外没有任何人,也不需要第三者介入。

3. 不妨与孩子玩玩通信的游戏

在中国式家庭里,家长与子女的关系是很含蓄的,不到万不得已,都不好意思说一个"爱"字,但中国的文字是很有情感的,只要孩子到了能认字的年龄,与父母沟通起来将不再有障碍。更何况这个时候的孩子正处在学习阶段,书信沟通既可以让他们顺畅地表达出他们的情感,还可以锻炼他们的文字表达能力。

我们可以偷偷地在孩子的桌前放一个小纸条,上面用水彩笔打趣地问他:"有没有兴趣找个交心的笔友?他远在天边,近在眼前。"假如孩子接受了,那么这个维系彼此倾诉关系的方式就达成了。孩子表达困惑,妈妈帮忙解开心结。尤其是现在科技发达阶段,电子邮件、微信非常方便,即便工作再忙,妈妈也可以利用午休或一些零散时间,做孩子忠实的倾诉对象。

第4章
情绪疏导，引导孩子说出心里话

除此之外，更让妈妈喜悦的是，随着孩子的一天天成长，我们会发现回"信"是件非常有意思的事。每当我们翻开以前互通的"信件"时，相信每一位妈妈都会顿时觉得温馨无比，那是我们与孩子一同走过的路，是一笔无形的财富，是一段最美丽的历程。

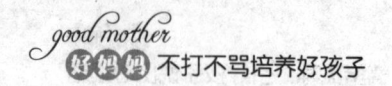

如何提高与孩子的沟通质量

对于沟通这件事，有人说是门学问，有人说是门艺术。这门技巧在工作生活的方方面面都很需要。而对于与孩子沟通这件事，在语言智慧上更需要妈妈们多花点心思。要知道孩子虽然很简单，但想让他们把你的话放在心上并不是一件容易的事情。不少妈妈都曾经在与家中孩子沟通方面头疼过。有一个妈妈就曾经说："唉，说实在的，家中的孩子实在是难管，你说东他说西，你指着南他跑北，你问他为什么不听话，他就做个鬼脸说自己就不听话。假如你生气训他，他就坐在那里哇的一下哭了。真不知道他的内心世界是什么样的。所以我常常莫名地感慨，上天让我生下他，是不是就是用来惩罚我的啊。"

虽然这位妈妈的言辞有些悲观，但其遇到的问题是非常常见的。如今，妈妈与孩子沟通难已经不是什么新话题，很多妈妈都为此提高了意识，开始认真反思究竟自己做错了什么，才导致自己与孩子的沟通出现了障碍。针对这个问题，有关机构也采访了一些孩子，下面就一起来看看他们是怎么说的吧。

小孩子A："我不喜欢和爸妈沟通，因为他们老是婆婆妈妈的，喜欢叨叨，喋喋不休。每次看着他们坐在那里朝着自己念经，好心情一下子就被他们扫得一干二净。所以现在，他们说什么我都不在意，都当他们说的是外国话。"

小孩子B："我最讨厌爸妈以命令的方式对我说话，他们总是高声调地命令我：'你要怎么怎么样''你必须怎么怎么样'，哪有那么多必须啊，我也是人，我有自己的想法，所以我不愿意跟他们沟通，感觉自己就是他们手里的一个小兵而已。"

小孩子C："我讨厌爸妈不懂装懂的样子，明明自己不知道，还故作高深，回答不出来问题，就一脸不耐烦地把我支开，那种感觉很不开心。"

小孩子D："我讨厌父母打断我的思路，他们总是一味强调自己的看法，始终暗示我，他们才是交流中的主人，我必须听他们的。可我是人，凭什么就全都得听他们的？"

看了这些孩子的评论，不知道你会不会已经找出了问题？要知道，沟通这件事绝对不能急功近利，而是要加入一些智慧的成分。看看下面的方法，希望能够对大家有所帮助。

1. 专注聆听，感受孩子的心灵

如果你想知道孩子的内心世界，在沟通中首先要做的事情是对他所说的一切表现出专注的样子，这个时候妈妈要放下成人的姿态，尽可能地与孩子的内心保持一致，尽可能靠近他的内心，这样才能对孩子的思想有所把握。妈妈要让孩子在意识中感受到，这个时候的妈妈和他的心是贴在一起的，欢乐他的欢乐，悲伤他的悲伤，是一个非常了解他的人，也是值得信赖的人。

2. 不盲目否认，用反问把问题推回去

孩子最讨厌在沟通中妈妈以大人的方式运用一些"但是……""你必须……"这样的强硬词汇。因为这些词让他们感觉妈妈在意识里已经把自己放到了比较低的位置。对于这件事，有智慧的妈妈从来不轻易表达自己的否认态度。而是用反问的方式把问题传回给对方。"嗯，假如有道理的话，你想怎么做呢？""听起来是有点……不过你是怎么想的？"这时候孩子一定会说出更多他的想法，而妈妈也可以在无形中摸清他的心理，把握沟通的主动权。

3. 认同中提出建议

孩子终究是孩子，在解决问题方面必然比不上成人办法多，但这个时候妈妈千万不要过分展现出自己的高明，而是要对孩子的思路先表示认同，这样不但不会让孩子失落，还可以让他更积极地投入到解决问题的气氛之中。这个时候妈妈再适时地

第 4 章
情绪疏导，引导孩子说出心里话

对他的行为加以指点，例如"目前你说得很不错，但假如可以这样，会不会更好一些……""你的思路很正确，不过假如能在设计中加入这些元素会不会更好？"一边认同，一边建议，一边征求意见，完全没有妈妈的架子，孩子怎能不愿意接受你的意见呢？

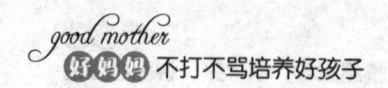

不懂循循善诱的妈妈不是好老师

妈妈:"森森,你在干什么?把屋子弄得那么乱,都可以当垃圾站了。"

森森:"我在组织一场传球比赛。"

妈妈:"传球比赛?你给我立刻住手,30分钟以后,房间要没有恢复整齐,我要你好看。"

30分钟后,森森依然在进行着自己的游戏。妈妈走上前一把扯过他手里的玩具摔在地上。

森森:"你干什么?我又没招你。"

妈妈:"我让你30分钟内把房间恢复整齐,你为什么不去做?还在玩。你看看你把这个家搞成什么样了?你以为这里是旅馆吗?你以为你是谁,有资格把这里祸害成这样,然后让别人跟在屁股后头给你收拾。我告诉你,今天你不把这里给我收拾干净,什么都别想做。"

森森:"不做就不做,我什么都不做了。呜呜呜……"

第4章
情绪疏导，引导孩子说出心里话

森森一头栽进被窝，蒙着被子哭起来。

妈妈："你给我起来。"妈妈生气地一把掀开被子，"你还委屈了，你把这里搞成这样你还委屈了，你看着不乱吗？你是不是身上痒痒找揍啊？"

森森："吼吼吼，每次你除了吼你还会什么？我在你眼中简直是一无是处，那我就这样了，就这样了怎么了？"

"你……"妈妈气得一个耳光上去，森森立刻抱着脸颊痛哭起来。

有些时候，妈妈总是用自己的视角看待整个事情的经过，但是假如这个时候可以放低姿态，站在孩子的角度想想，或许很多事情本就不应该搞得那么严重。仅仅是屋子乱了一点，孩子玩在兴头上有所忽略，这本不是什么严重的事情，却最终闹到大打出手的局面，这不得不引起妈妈在教育方面的反思。

孩子的天性是单纯的，爱玩是他的天性，有些时候他们活在自己的小世界里，并没有意识到事态的严重性。以上面的例子来说，当妈妈看到屋子一团凌乱很生气时，是不是可以控制住情绪，给自己三秒钟的深呼吸时间，然后淡定地走到孩子身边，以平和的心态来处理这件事情呢？让我们倒退到事情的开端，假如事情是这样发生的话，会不会妈妈和孩子两个人的内心都更容易彼此接受，不但不会吵闹，反而会碰撞出很多快乐的火花呢？

妈妈："森森你在干吗？"

森森："我在进行一场很棒的传球赛。"

妈妈："是吗？能告诉我屋子里发生了什么吗？看起来你的传球并不顺利，要不然这里不会一片狼藉。"

森森："红队要稍微差一些。"

妈妈："谁？谁是红队。"

森森："哎呀，我虚拟出来的。不要插话了。"

妈妈："不，妈妈看来应该要介入你这个很有意思的赛事了。"

森森："你也想玩吗？"

妈妈："我想玩一个更好玩的游戏。"

森森："什么？"

妈妈："嗯！你有没有想过一个优秀的传球手准备在他的家中接待朋友时，他的室内环境最好是什么样的？"

森森："……应该是很干净的。"

妈妈："那假如妈妈是你房间里的第一个客人，我伟大的传球手，你就准备这么接待你的客人吗？我现在都不知道我能坐在哪里。"

森森沉默地看着手里的球。

妈妈："所以，森森，想成为优秀的传球手并没错，但优秀传球手的家也应该是干净的，对吗？所以，我们首先要玩下面这个游戏，一起来布置一个传球手的完美房间。妈妈敢保证，我们的合作会非常默契，你的房间将会与众不同，怎么样？"

森森："哈哈，好吧，应该也挺有趣的。"

于是妈妈后面跟着森森，两个人一边打扫一边商议，传球应该放哪儿，哪儿摆上自己最帅气的照片，很快房间就变得干净整洁，令人眼前一亮。看着自己的佳作，森森和妈妈都有一种强烈的成就感。

妈妈："怎么样？儿子，以后传球手的房间就一直保持这个样子吧。"

森森："嗯，好，一定保持成这个样子。"

看了上面的冲突，再看看下面的欢笑，一念之间，不同的结局，而主动权一直都在妈妈手里。是啊，孩子还小，一举一动都在爸妈的眼皮子底下，对于教育这件事，妈妈还是有很大的主动权的。

面对孩子的错误，先别急着生气，给自己几秒钟控制情绪，再花上一分钟构建教案，打定主意再采取行动，效果要比我们脑子一热，一通吼叫来得好得多。毕竟我们都希望成为孩子眼中的好妈妈，为此努力展现自己慈眉善目的一面是很重要的。时刻保持警醒，时刻保持淡定，时刻保持用智慧的头脑思考问题，时刻保持用平和的方式采取行动。没有争吵，没有不理解，没有哭泣，你与孩子才会更和谐，才能从生活中捕捉到更多有趣的成分，这样不是很好吗？

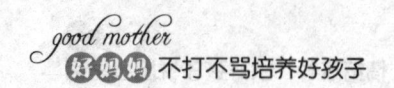

孩子觉得平等，才会敞开心扉

在《新概念英语》里有这样一篇有趣的文章，是关于一位印象派艺术家的自白，内容大概是这样的：

有一次他在挂刚刚完成的一幅画作，很多人在他的画作前不懂装懂地评头论足，说这幅画表达的是这是那。这时，画家的妹妹，一个不到10岁的小姑娘走过来问："你在干什么？"艺术家说："我在挂画，这是我的新作，你觉得怎么样？"小姑娘左看看右看看，想了一会儿说："感觉不错，不过它是不是被挂反了？"艺术家站在一旁又仔细端详了一会儿后，开心地说："谢谢你，我可爱的小姑娘，你说得对。"

作者自认为他的画有时就像彩色的窗帘，仅仅是一种美丽颜色拼凑起来的画面。相比于前者的评论，他认为孩子对于这幅画作的审美是最准确的。

曾经有一位艺术家这样说："在美神面前，无论老幼尊卑，每个人都是平等的。"假如那位艺术家没有站在10岁小姑娘的

第4章 情绪疏导，引导孩子说出心里话

视角观察画作，他就不会感受到另外一片神奇的审美世界。而生活中，妈妈们却常常忽略了这一点。妈妈总是用主观的想法去判断事物，并理所当然地认为孩子也一定是这么想的，可事实真的未必如此。孩子的世界很纯真，没有局限，充满想象，他们对事物的认知与成年人是不同的。就好比一片云朵映在蓝天上，大人顶多感叹："啊，今天天气真好，蓝天白云的。"而孩子可能会望着天空陶醉很久，告诉你："妈妈，我看到天上有白色的大象，有飞驰的骏马。""妈妈，刚才我看见有一只老鹰飞过去了，它到底能飞多久啊？它把家安在了哪里？"假如孩子的联想能力再强点儿的话，他们会把所看到的景象编出一个非常有童话韵味的故事来。

这个时候，你如果能认真地聆听孩子们的讲述，就会发现："哇！原来孩子的世界是那么美妙，而自己却从来没有意识到。"

随着年龄的增长，孩子们对这个世界愈发好奇，经常会问一些大人们看起来很可笑的问题。但是他们的态度却很认真，似乎这对于他们来说很重要。如果妈妈只用大人的思维，或许不知道孩子为什么会有这样的举动，为什么会问出那么可笑的问题。

这时妈妈就要及时调整思路，以孩子的视角和他一起交流，一起游戏，一起面对问题、解决问题，而不是以成人的认知去要求他们、批判他们。真正成为孩子各个阶段忠实的好伙伴，

这说起来很容易，可实践起来对于很多妈妈却并不简单。

一天妈妈回家，看见儿子小威一个人坐在桌前聚精会神地摆弄着什么，出于好奇，妈妈走到跟前观看。这一看不要紧，脸顿时气绿了。原来小威把妈妈新送给他的小手表拆了。

"小威你在干什么？"妈妈有点不高兴地问。

小威："哎，妈妈回来啦，正好，我在探寻手表为什么会准确报时的秘密。我正在研究它的每一个零件。"

听了小威的话，妈妈本想对他毁坏东西的行径发火。但转念一想，儿子的举动未必不是一个好现象。毕竟他已经由不动脑子的享受转变为探寻事物原因的好奇了。假如这个时候，自己发脾气，那无异于毁灭了他的求知欲望。

于是妈妈深深吸了口气，让内心平静下来，然后装作什么事情也没有发生一样说："是吗？那妈妈和你一起研究好不好？"

小威："好呀！好呀！我正愁没有帮手呢。"

于是妈妈和小威一起行动，小心翼翼地把拆下来的手表恢复成了以前的样子，而且转动正常，没有大碍。整个过程中，小威相当兴奋。而妈妈也在安装的过程中受益匪浅，宛如回到了少年时代。当大功告成的时候，母子二人大声欢呼，击掌庆贺，非常开心。

生活中，我们经常会听到很多家长抱怨孩子毁坏东西、不老实。但转变角度想想，或许当时孩子的想法和故事里的小威

第 4 章 情绪疏导，引导孩子说出心里话

是一样的。面对孩子不断膨胀的求知欲，他们的思想会慢慢地发生改变，心里会装满各种各样的为什么。妈妈首先要成为孩子值得信赖的帮手和玩伴。只有这样，才能在孩子采取行动之前，加以引导，规避风险，甚至提前提出更好的玩法和建议。

而例子中的小威妈妈就是一个非常有智慧的家长，她可以很好地克制自己的情绪，在不打压孩子好奇心的前提下，不露声色地规避风险，把手表重新安装成以前的样子。而聪明的妈妈说不定还能想出比这更好的主意，比如孩子有求知欲，就专门找出一块坏了的手表与孩子一起学习拆解，或是和孩子一起走进图书馆寻找答案。

但这一切的前提是，你真的理解孩子的那颗心，真的愿意换位思考，真的愿意用平等的视角对待孩子，尊重他的想法。如果真的能做到，相信家中的小孩子一放学就会蹦蹦跳跳地闯进你的屋子，然后迫不及待地说："妈妈，今天我有个问题，咱们一起解决一下啊！"

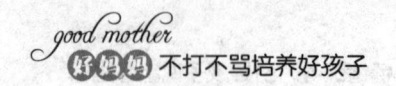

孩子的焦虑，只有妈妈才能化解

小茹上初三了，这是面临中考的关键一年。无论家里还是学校，到处都是紧张的气氛。小茹本来成绩不错，而妈妈更是对她寄予厚望，要求她一定要考上重点高中，为以后上一流大学铺平道路。

小茹是个内向细心的孩子，很有上进心。她不想辜负妈妈的期望，但却因此背上了沉重的思想包袱。每次考试之前，她都陷入矛盾的心境：一方面希望时间慢点过，好多复习一会儿功课；另一方面，又觉得考前特别难熬，希望时间快点过。因此她心情烦躁，效率很低，考试结果也很不理想。

这种情况越来越严重。此后每逢考试，她就着急心慌，看不进书，睡不好觉，严重影响了她的临场发挥，成绩也直线下滑。

看着教室里黑板上每天变化的倒计时数字，小茹觉得考试的压力犹如一个正在膨胀的阴影笼罩着她，让她陷入到无法摆脱的焦虑甚至恐惧之中。

焦虑是一种不愉快的情绪反应，它是因害怕产生某种后果而带来的忧虑、紧张、失望、不安、恐惧、焦躁、羞愧等交织在一起的心理感受。在生活中，每个人都有焦虑的体验，这是一种正常的心理现象。

对于孩子来说，焦虑通常体现在三个方面：

1. 考试焦虑

在考试前、上台表演前、体育比赛等情境中，常常伴有焦虑的体验。

2. 适应新环境的焦虑

有的孩子在环境改变（如转学、住校等）的情况下，不知如何跟新的老师、同学相处，不知怎样照顾、安排好自己的生活，就会产生焦虑感。

3. 青春期焦虑

处于生长发育期的孩子，对自己过分关注，常担心自己长不高、长得不漂亮，对青春期出现的生理现象（如遗精等）感到焦虑，都是一种常见的心理情绪。

另外，在出现重大家庭变故时，如父母离异、亲人死亡，或遭受冤枉、歧视等情况时，也会产生焦虑。

科学研究表明，适度的、可以控制的焦虑对人是有益的，它会促进孩子的健康成长。但当焦虑超过了一定的限度，使人陷入惶恐不安、不思饮食时，就发展成为"焦虑障碍"。

"焦虑障碍"会严重影响孩子的学习和生活，有的孩子甚至产生严重的恐惧感和攻击行为。如果妈妈不能及时发现并帮助孩子解除焦虑，将产生非常严重的后果。

焦虑产生的原因有多种，内在原因是由于不自信、追求完美、过分看重结果；或性格懦弱，胆小怕事，情绪易波动，挫折承受力低。外在原因是外部压力增加或环境改变，使孩子感到受威胁或没有安全感。孩子因为年龄的原因，情感总是处于一种不稳定的状态、情感的调控能力比成人较低，如果压力超过自身的认知，就易产生焦虑。

孩子的焦虑应引起妈妈的高度注意，因为它是影响孩子健康成长的障碍——影响学习潜能的发挥和今后的社会交往，影响健康心理品质的培养和发展。

焦虑心理严重影响孩子的学习和生活，妈妈要及时与孩子沟通，排除孩子的焦虑心理。这需要妈妈的耐心，不能仅凭一时的冲动和热情，而应把教育、引导时刻融入到日常生活中。

不少焦虑障碍的孩子具有完美主义倾向，对自己要求过高。当他们无法达到难以实现的目标时，就会出现明显的焦虑。妈妈要帮助孩子改变不合理的观念，帮助他建立更合适的认知模式，这样会有效减少他的焦虑。

首先是让孩子学会正确认识自己，对自己是怎么样的一个人有深刻的认知，清楚想做什么、能做什么，然后正确地评价自己。

妈妈要告诉孩子，不要太在意别人对自己的看法。孩子的认知观念还没有成熟，容易把事情绝对化，以点带面、以偏概全，把事情想象得非常可怕或糟糕。

其次是改变不正确的认知，对于克服焦虑情绪非常关键。要让孩子学会从多角度看问题，纠正认识的偏差，正确地对待那些容易引起焦虑的事情，如考试、升学及一些突发事件。

自信心是治疗焦虑的前提。没有自信的人，对自己完成任务的能力总是抱着怀疑的态度，因此，容易产生忧虑、紧张的情绪。对这样的孩子，妈妈要善于发现其长处，用赞扬和鼓励的方式，帮孩子建立自信，使其接纳自己。

妈妈望子成龙、望女成凤，这无形中对孩子造成了很大的压力。妈妈要适时调整期望值，淡化分数概念，不要拿孩子与其他同学比较，避免给孩子带来压力，增加其焦虑感。

妈妈要努力创造一个和谐、轻松的家庭氛围，放下架子，做孩子的知心朋友。与孩子进行深层的情感交流、思想沟通。这样孩子会感到安心，产生归属感和责任感，也容易和妈妈形成共同目标，有效地杜绝焦虑的产生。

缓解焦虑的最好办法，是让孩子面对现实，找到产生焦虑的根本原因。不回避问题，具体情况具体解决；选择适合自己的方式，疏导不良情绪，如运动、旅游、倾诉、哭泣等。最好鼓励孩子多和朋友聚会，多和家人聊天，学会反省。

让孩子每天早上和临睡前，在心里对自己说几句鼓励和确认的话，相信自己最棒，相信自己是有能力的人。把鼓励的话语写出来，张贴或摆在最显眼的地方。同时相信妈妈、老师是最爱自己的，和自己有同样的想法。

第5章

提高自己，
才有能力教育孩子

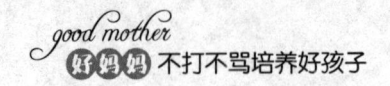

不要停止前进的步伐

如果说给人生划分阶段，你觉得成为妈妈后，你的人生圆满了吗？按道理来讲，远没有实现圆满，可还是有很多妈妈就此打住，止步不前。

之所以这样说，是因为有相当一部分妈妈认为，当了妈妈之后，生活瞬间就被孩子填满了，自己的眼睛总要追着孩子，脑子里也总是思考着与孩子相关的各种事情，刚出生时考虑他的吃喝拉撒睡，判断他的各种哭声都代表着什么；长大一点了，就操心他的各方面能力发展与培养，生怕他被人落下，总想让他也出人头地。

一位妈妈不无感慨地说："有了孩子，只考虑他怎么成长就已经占据了我所有的时间。至于说我自己，已经就这样了，还能有什么梦想？我没时间，也没那个精力再为自己折腾了，还是将希望都寄托在孩子身上比较靠谱。孩子就是我的梦想。"

看似是在表达自己的辛苦，看似是在为了孩子而做出巨大

第 5 章
提高自己，才有能力教育孩子

的牺牲，可实际上，孩子并没有因为妈妈的这种牺牲而有什么改变，他该自我成长就自我成长，该自然发展就自然发展。反倒是做妈妈的，正因为没有了向前的心，便总是用旧观念来看待孩子的发展，也总是仅凭自己的判断就武断地对孩子进行教育。最终，孩子被教育得问题连连，妈妈自己也越来越头大心烦，只剩下用吼叫来发泄内心的不满了。

而且，孩子自我世界的构建过程，会受到妈妈极大的影响，妈妈所释放出来的能量，所散发出来的磁场，都会让孩子也不自觉地向妈妈靠拢。妈妈主动"停滞"，止步不前，也会让孩子逐渐产生一种颓废状态。

说回到妈妈自身，止步不前看似是一种停歇状态，好像只是不前进而已，但止步不前，实际上就意味着倒退。正所谓"用进废退"，积极上进的心一旦没有了，就会越来越提不起精神和兴趣来应对各种事情；而没有了进取心，也就不愿意再读书学习、思考提升，大脑便不再积极接收正向的、有利于自身发展的各种新鲜信息，旧的信息也会随着时间而被慢慢遗忘，同样变得越来越少，大脑也就愈发不"灵光"。这是一件比较可怕的事情。

时代的发展日新月异，孩子的变化就在分秒之间。当妈妈不思前进的时候，时代不会等待，孩子也不会等待，妈妈会发现自己所知道的东西、所了解的内容越来越少，跟孩子愈发没有可沟通交流的东西，思想也将越来越守旧，甚至可能逐渐与这个时代脱节。

如果希望自己成为一个好妈妈，高质量地陪伴孩子成长，那就必须跟上他成长的脚步。孩子在不断地扩充自我，"时时新"，我们也尽可能要做到"日日新"。全家一起成长，你不吃亏，孩子更是幸福不已。

那么，如何让自己"新"起来呢？

第一，思想观念要不断更新。

新时代就会有新思想，哪怕是昨天的想法，今天就有可能会产生新的变化，所以应该关注当下时代的思想主流。比如，过去很多人认为，孩子的教育是从小学时才开始的，但到了今天，越来越多的人重视起了胎教（事实上，3000多年前的中国古人就已经重视这件事了，中国是世界上最早提倡胎教的国家），重视起学龄前教育，重视起幼儿期的教育，这就是一个思想的转变。这种转变是正确的，是好的，妈妈们可以先去了解一下，最好是能与自己的生活相互联系，能接纳则接纳。

当然，并不是说所有的新思想都必须接纳，必须有基本的判断能力。有一些思想可能只是当时的一种流行，也有的思想本身就比较偏激，所以，妈妈们要结合自己的认知和一些基本的道德准则，去判断一种新思想是不是值得接纳、学习。

另外，虽然说随着时代发展，妈妈们需要接纳一些新思想，抛弃一些旧观念，但并不是说所有的旧思想都是错误的。比如，传承千年的中华传统道德思想，这是经历了时间岁月的洗礼与检验的，不管到什么时候，孝顺、诚敬、智仁勇、礼义廉耻等核心主流思想都不过时，妈妈们不仅不能抛弃，反而要深入学习与践行，并将其继续传承下去。

第二，教育内容要不断更新。

现在的知识有着非常快的更新速度，孩子需要学习的内容也在不断地更新。所以妈妈不能只停留在简单地教孩子学说话、认字这样的内容上，而是要根据当下时代的发展，看看孩子需要接收哪些新鲜的信息，看看当下的时代教育中包含哪些新鲜的内容，比如知识之外的舞蹈、书法、武术、礼仪、古琴等课程，对孩子的成长发展都是非常有益的，如果孩子喜欢、感兴趣的话，就不要错过教育的时机。

当然，全新的教育内容也是需要加以判断的，要根据孩子的特点、需求与兴趣、家庭的教育环境和经济承受能力等，做出合理的选择，而不是盲目地去上一些课程，对于"妈妈认为你该上这个课"的说法，还是要谨慎的。

第三，眼界宽度要不断更新。

有的妈妈之所以止步不前，有一个原因就是自己的眼界本身就不宽，看不到更远的未来，只顾着关注眼前的一点内容，对孩子身上鸡毛蒜皮的小事过分关注，反倒因为太过细碎的关心，导致孩子的厌烦。这样的妈妈不仅自己没有远见，连带着孩子变得目光短浅。

处于这个信息大爆炸的时代，不能"关起门来朝天过"，适度关注一下国内外的重大政策、各种动向、信息资讯，多四处走走看看，多接触更多的人，多读点好书……自然也会发现更多需要了解的内容。

总之，有改变的想法就好，行动起来，付诸实践，不再等待，就能看到自身的改变，同时也会感受到孩子的变化，这些变化都将令人惊喜。

没有无知的孩子，只有无知的妈妈

你有多久不曾读完一本书了？

你有多久不曾翻开一本书了？

你有多久不曾购置一本书了？

你有多久连"读书"这个词都想不起来了？

你是否认为读书只是孩子的事？

这一系列有关于读书的问题，放在现在很多人身上，都是讲不清楚答案的，或者是不愿意讲出答案的。从学校离开后，有一些人就会产生两种奇怪的想法，那就是"我终于不用再读书了"，然后接下来的生活之中，他们果然就不再碰触书本，整日忙碌，所谓的忙于工作、忙于生活、忙于结婚生子、忙于教育孩子……

但是我们的人生真的在大学毕业之后就不再需要读书了吗？事实并非如此。倒不如说，越是离开了校园，我们反倒越应该去接触更广泛的书。我经常说："一个人真正的读书生活，是大学毕业之后开始的。因为毕业后，可能才真正读点自己想读的书，而不是再像之前那样读教材、读练习册、读试卷、读写论文时的各种参考文献……"

在社会中，我们所接触到的东西会比校园中更多，也更复杂，校园中的诸多书本知识，是对所学专业学习的应对，就算是涉猎了专业之外的内容，但因为那时大家还处在象牙塔之中，没有经历过更多的人生历练，对于书本内容的理解可能是理想化、缥缈的。

就拿四大名著来说，很多人可能都有这样的体会，年少时看四大名著，看的是热闹；青春期看四大名著，读的是内容；而成年后再去读，发现的就是思想；而等到日后再一遍遍地去读，就会发现每一遍都有不同的体悟。而这就是离开校园进入社会后依然需要读书的一大原因。因为心境会随着遇到的人和事而发生变化，书中的道理，可能之前看的时候是没有太大感觉的，但经历过很多事之后，我们可能会感同身受；遇到过不同的人之后，我们也会通过这些接触而产生新的理解与看法。

有人可能会说，社会那么复杂，生活本身就是一部书，哪里还需要再看书？其实不然，书中文字是多少人总结出来的经验教训，可能是足以流传千秋万代的道理原则。只有多看书，才能更快速地了解这些内容，并在生活中少走弯路、少犯错误。而且，书中也会对我们生活中的疑问给出解答，通过直接或委

第5章 提高自己，才有能力教育孩子

婉的语言来解答我们的种种疑惑。如果只靠我们自己在生活中去硬闯，不仅可能会浪费非常多的时间和精力，甚至可能会碰得"头破血流"，最终还不一定能得出正确的答案与结论。

不知道你有没有过这种感受，原本很纠结的一件事，但某天看了一段文字后，立刻就豁然开朗了。这种感觉是没法言传的，只能意会，因为没人知道什么时候、在哪本书上的哪段文字，就会直接击中你的内心，激起荡漾，让你忽然拨开云雾见蓝天。

从孩子出生的那一刻才开始真正进入角色的妈妈，要做什么、怎么做，要考虑哪些问题，要回避哪些问题，怎样去应对这个一天天发生变化的独立自由的孩子……这些都需要付出时间与精力去好好学习。而读书，或许就是提升自我的一条捷径。妈妈这个身份，是跟随你一生的，是"终身制"，所以学习也是"终身制"。

要不断地读书学习，来适应孩子的不断成长，这一点毋庸置疑。那么要读书，从妈妈的角度来看，应该怎么做呢？

首先，选择合适的书籍。

关于教育方面的书籍，内容繁杂、种类繁多，有的妈妈选择"撒大网、捞大鱼"的方式，买来许多书，通过广泛阅读来学习。这样的学习其实很累，效果也不大。因为不同的人有不同的想法，即便是同类的书籍，不同作者的观点也存在差异。如果不加以选择地大范围接纳，难免会对教育产生迷茫感。

所以在书籍选择上，要回归孩子本身，年龄、性别、性格、年级、具体内容等方面都考虑进去再选择。同时，还要看看所选书籍的作者和内容，是否传达了正确的思想观念，再考虑是否买下来好好品读。

要注意的一点是，对于一些育儿、教子经验类的书籍，是作者基于培养自己孩子的经历，再经过提炼总结，最后上升到一定理论高度，可参考他们的思想或感悟，但不要去"一板一眼"地复制他们的方法。因为"教无定法"，每个孩子都是独立的存在，有共性，也有差异，所以不能"千人一方"，更不能"生搬硬套"，也不能因为书上所说的方法应用在自己孩子身上不起作用，就说那是错的。要懂得透过现象看本质，对于教育理念与方法，一方面要去实践，另一方面也要善于总结、发现、改变与提升。

其次，安排合理的读书时间。

幼儿期的孩子需要妈妈的陪伴，所以当孩子需要你的时候，你就要全身心地投入。至少在孩子去幼儿园之前，你的读书时间可能会比较少，这时可以安排一些零碎的时间，比如孩子睡觉之后、睡醒之前，或者孩子想要自己玩耍的时候，都可以翻上几页，不求看得多，而是最好能坚持养成读书的好习惯。

孩子上幼儿园后，你的时间相对会多起来，所以要安排出读书的时间来。同样，不求读得多，但求认真、专注，习惯成自然。

最后，要多读一些传统经典。

第5章
提高自己，才有能力教育孩子

如前所说，中华文化传承至今5000多年而没有中断，其经历了时间的洗礼，经历了上百代人的考验，至今依然在发挥着巨大的作用，足见其强大的生命力。实践证明，这些内容都是有益于人的成长发展的，里面蕴含了博大精深的智慧，当然也包括教子智慧。所以，古圣先贤所总结出来的教育经验与心得，就在传统经典中，这是每一位妈妈都应该好好阅读参考的。活学活用，重实质而不重形式，不仅可以教育孩子，对于提升自身的德行涵养乃至综合素养也颇有意义。

读点好书，妈妈爱读书，是孩子最大的幸运。因为，你读书，你就会成长，就会有更多思想，就会具备更多智慧，面对那个叛逆的幼儿，你还会束手无策吗？不会的。所以，妈妈爱读书，孩子可能就不再叛逆，一切问题都在你自然地与他应对之中化于无形。

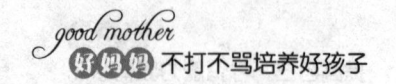

与孩子一起行万里路

有了孩子之后,一些妈妈会不自觉地缩小自己的活动范围,也会不自觉地减少认识新朋友的机会。有的妈妈说:"我大部分时间全在孩子身上了,除了自己工作,再加上还要照顾全家人的生活,哪儿顾得上再去做其他的事情?"

这就导致一种结果,你去的地方越来越少,接触的人越来越少,直到最后,可能就会变得足不出户,或者只是在家周围几百米的范围内活动。买菜、去超市、送孩子去幼儿园……每天面对的是简单的生活环境,与固定不变的人群接触。

一位妈妈有两个孩子,大宝上幼儿园,小宝刚 1 岁。趁着大宝上幼儿园的机会,她终于和其他孩子的妈妈有了接触。

结果,这位妈妈发现,自己居然变成了"两眼一抹黑"。别的妈妈说的地方,她不仅没去过,甚至都没听说过,而听上去,那个地方其实就离她的住处并不算远;别的妈妈的网购内容与方式,也让她觉得自己好像是外星人,要买什么,还得通过别

第5章
提高自己，才有能力教育孩子

的妈妈帮忙才行；别的妈妈讲到的内容，要么是书上的，要么是在外面遇到的，她更是闻所未闻；提到要做什么事情，她总是先要提及"我有两个孩子，我抽不出时间来"，结果她会经常缺席幼儿园里需要家长参与的活动……

这位妈妈给出的理由是："两个孩子，尤其是要照顾这个小的，真是没时间去做其他的事情，哪里也去不了。在家我也没什么可以做的，只照顾孩子就累得不行了。"

不管是一个还是两个孩子，很多妈妈总是用自己的劳累来做借口，将自己无法"动弹"的原因归结到孩子身上。可实际上，孩子才是那个更愿意去见识大千世界，更愿意去做许多他从未做过的事情的人。所以倒不如说，是我们自己不愿意出门，或者说是我们对自己时间与能力的安排欠妥，才限制了孩子的眼界与行动。

不能否认妈妈在带孩子方面的确是辛苦的，尤其是二胎政策的实施，使得更多的妈妈有了要两个孩子的计划，原本带一个孩子的辛苦变成加倍辛苦，这当然可以理解。但既然决定要养育两个孩子，也应该对自己的生活有一个更细致的安排，不能从自己这里就主动放弃了去做其他事情的时间，也不能人为地将自己的时间"主动"分配给孩子去使用。

同样是一位有两个孩子的妈妈，她的表现却是另一番景象：大儿子5岁半，正是可以四处看的年纪；小儿子2岁，却也正是还有点儿"累赘"感的年龄。她没有就此哪里都不去，而是不管去哪儿，都会把两个孩子带上。尽管小儿子一个人的行李可能要比全家人都多，但她和她先生做了很好的规划与选择，寻找那些空气新鲜、不会拥挤的地方，让两个孩子都能尽情玩耍，都能开阔眼界，俩大人同时也能得到放松。

其实，旅游的意义就是一家人在一起，不管做什么都在一起。而对于孩子们来讲，旅途中他们会把书本上的内容与实际结合起来，很多知识都在真实情境中得到了再现，他们知道自己可以做什么、应该做什么，也知道怎样躲避危险。

而在这个过程中，妈妈们也有了新的感受，会发现孩子身上新的闪光点，会通过与孩子一起开阔眼界，让自己也有了见识，并且和孩子有了更多共同语言。一路下来与更多人打交道，不仅孩子学会了待人接物，妈妈也结识了很多新朋友，互相联系起来，增添了更多新的乐趣。当然，跟先生的关系也由此拉近了很多，大家彼此同心，其乐融融，实在是幸福感十足。

显然，要改变就要靠自己，与孩子是不是个累赘、是不是在耽误时间没有任何关系。如果自己没有想要改变的心，就只能四处找借口。但只要想要去改变，一切都不是难事。

妈妈们并不是被圈养的看孩子的保姆，她们理应成为孩子眼中那个活力四射的妈妈，可以带着他们去看更多风景，可以和他们一起去接触更多的人。

第5章
提高自己，才有能力教育孩子

而在孩子去了幼儿园，或者暂时不在身边的时刻，就更不能为孩子的事情所束缚，给自己一些时间和空间，去外面走一走、看一看。见识提升了，心胸也就开阔了，不会再整天纠结自己这百十平方米的屋檐之下的柴米油盐，不会再因为一些细碎小事而把自己搞得心力交瘁，对孩子的教育也就能有一个广阔而高远的视角了。

对于那些有两个孩子的妈妈来说，可能的确不容易，但还是不要放弃可以出门、看更多风景、结识更多人的机会。这时应该和先生做好商量，只要他有时间，就可以来一次全家说走就走的短途小出行，不管是去街心花园、超市，还是去远一点的地方。孩子只有多听多看多接触，他才能建构起对这个世界更为丰富的认知；而只有走出"在家带孩子"的枯燥生活，我们也才能发现生活中更多的乐趣。

另外，也要多接触一些新科学技术，适度关注一下重要新闻、新生事物等，因为这些各种"新"中，蕴藏着大量的信息，也可以间接为我们搭建起与外界沟通的桥梁，更可以让自己跟上时代发展的脚步。

所以，要不要进步，还是看自己，还是在于自己，而与孩子怎样无关，与有几个孩子也无关。只有自己想要改变，想要进步，精诚所至，那么自然能主动迈出家门，去接触更宽广的世界。

你要做的是照亮孩子,而不是燃烧自己

相信很多妈妈都会有这样的表达:"我每天的时间,都给了孩子和家庭,不是照顾孩子吃喝拉撒睡、教育他,就是给全家人做家务,照顾全家大小。每天忙忙碌碌,都围着全家转,尤其是有了孩子,就是围着孩子转,他好了就什么都好了。"

这样的想法,或许有一点悲凉。因为很多妈妈就自身而言,都是有兴趣、爱好和梦想的,有自己想做的事,但却自己给自己下了一个"只能围着他人转"的套,这不应是一种有了孩子之后心态的正常转变。

因为每个人都是独立自主的,没有谁一定要围着谁转。即便是对孩子,我们也只是抚育、教育、引导他,而非事事都围着他转。否则,孩子总是觉得"凡事我优先",并不利于他宽容大度性格的培养。而且,当你把自己框定为"只能围着孩子转"的时候,就相当于搞混了家庭中的关系次序。因为夫妻关系是最基础、最重要的一种关系,然后才是亲子关系,以及与其他

第5章 提高自己,才有能力教育孩子

家人的关系。

实际上,妈妈也是家庭这个"小宇宙"中必不可少的一颗恒星,也同样有着自己的光和热,而不是只能一刻不停地围绕他人旋转的一颗行星,更不需要借助他人来让自己发光发热。

所以,妈妈不需要去做一支蜡烛,在发光发热的同时,也牺牲了自己。而是应该让自己成为一个爱的发光体,照亮孩子,并实现自己的价值。如何让自己做到这一点呢?

试着培养良好的习惯,好好读书,好好学习,认真打理自己,勤奋而勤快,开朗而宽容,善良有爱心,可以积极应对各种问题,能够主动想办法解决困难,不抱怨、不自卑、不悲观、不放弃……这样的妈妈会让全家人都感到振奋和安心。

也不用担心"我不围着孩子转,他会不会感到失落,会不会总出问题"。要知道,正是因为我们给了孩子太多的关注,所以他才变得懒惰起来。我们让自己活得精彩,就是要让孩子意识到,每个人都有活得精彩的权利,每个人都需要依靠自己才能让自己的生活变得更舒适也更精彩。这其实是一个传递正能量的过程。我们从行星变成恒星,就是在尽情释放自身的光与热,去感染孩子,并让孩子在更好的家庭环境中熏陶成长,这对他来说反倒是一件好事。

比如,有一位妈妈就有这样一段经历:

幼儿园举行活动,需要妈妈为孩子自制衣服。我手很笨,

也从来没做过这样的事情,我觉得这对于我来讲是不可能的。而且,我每天还要照顾孩子,还要做饭洗衣忙工作,一大堆事情都等着,怎么可能有那个时间自己独立完成呢?但孩子却一脸期待,我只能硬着头皮去做。

寻找旧衣服、寻找参考图片,裁剪、一针一针地缝,袖子、上衣、裙子、装饰,当我最终完工的时候,我觉得自己真是了不起。而我发现,在我做衣服的这几天里,每当我忙碌的时候,孩子是安静的,他会给自己找事情做,并询问我需不需要帮忙,完全没有给我捣乱的迹象。家里其他人也意识到我在忙碌,主动承担了其他的事情,并没有给我打扰。

当我向孩子展示成品的时候,他的眼睛里全是星星,是那种佩服的星星,他说:"妈妈,你好棒啊!"

我一下子觉得自己其实并不是那个一直围着孩子转的人了,当我发挥出自己能量的时候,我并没有手忙脚乱,也没有焦头烂额,而周围的人也给了我空间,我并没有变得那么忙乱不堪。而我的作品,不仅得到了孩子的肯定,更得到了家人的赞赏。

我们都是恒星,都有自己的光和热,当我们改变自己的心态,让自己处在恒星的位置上时,那么我们自会发光发热。

家庭不是你想象的那样,没了你就不能运转了;孩子也不会如你所料的那般,因为你不围着他转,他就变得无理取闹了。那些都只不过是我们自己的设想与猜测,只不过是我们习惯了过去那种围着他人转的行为思想限定了我们自己的发展。

倒不如说，全家每个人都是一颗耀眼的星，都能在自己的位置上发光发热，就如星空中尽管繁星点点却并没有显得哪颗星星多余一样，家庭这个"小宇宙"，也会因为家中每一颗恒星的闪光而变得更加明亮、更具有活力与能量。

作为妈妈，你也要认同自己的价值，只要自己主动发光发热，你也能成为照亮家庭的一颗耀眼的星，能让全家人看到你的改变。这种改变是一种积极向上的，也可以调动起全家人的向好变化，尤其是能让孩子的主动性被激发出来，这才是一个家庭正常的发展状态。

高标准压垮的不仅是孩子，还有妈妈自己

你之所以会发脾气、闹情绪，很大一个可能是因为你的期望没有获得满足，这种失望的情绪让你感觉内心空洞，甚至感到愤怒。

但很多时候，我们都会过分在意"期望没被满足"这个结果，却忽略了一个事实！你有没有想过，你所期望的，不管是对自己的、对他人的还是对孩子的期望，是真的能够被实现的吗？你能确定自己所期望的内容不是"空中楼阁"吗？

相信很多妈妈都曾经说过或者想过类似的内容："怎么别人的孩子都能做得那么好，人家都是怎么教育的，我的孩子怎么就是做不到人家那样呢？"这样想的妈妈，不能说不是一个好妈妈，毕竟期望是进步的动力；然而，这样想的妈妈，却也不能说是一个好妈妈，不符合孩子实际的期望，只要看到"别人家的孩子"，便擅自为自己的孩子定下高标准，这样的高期望值，相当于给自己和孩子都套上了沉重的枷锁。

第 5 章
提高自己，才有能力教育孩子

人们会在不自觉的状态下攀比，不管什么都会被纳入攀比的范围。有了孩子以后，妈妈们也是如此，比谁的孩子长得高、长得壮，谁的孩子学东西快，谁的孩子能力强，明着比、暗着比，比来比去也就把一些妈妈比得心理失衡了。

一旦不能实现期望，妈妈就会非常失望，这时候的言语往往是这样的：

"你看看人家的孩子，都是一样的，你怎么就不行呢？"

"人家孩子比你还小呢，人家都会背好多诗歌了，你这说话都费劲！"

"你们班的小朋友都会了，怎么就你不会啊？你说你是不是笨蛋？"

说完之后，孩子是不开心的，妈妈自己也同样感到很憋气。看到别人的孩子越来越好的表现，便盼望着自己的孩子不能比别人差，但却直接跳过了自己孩子原本的"起跑线"。就好像是让一米五的小个子，非要够到三米多的篮筐，除非使用非常手段，否则单凭他自己在底下跳，那可真是难以实现的一件事。

怎么办呢？最基本的一个解决方法，就是我们要将注意力从别人那里，从别的孩子那里，或者说从一些所谓的"标准"那里拉回来。

因为每个孩子都有自己的成长进度，有的快有的慢，有的会表现出色,有的就很普通平凡,这都是很正常的。但是别人的孩子终究是别人的孩子,别人的标准多半都不大可能成功用在自己孩子身上。既然如此,何必非要用那些不切合孩子实际的标准来折磨自己与孩子呢?

要改变这个"总是希望落空"的境况,就需要从我们自己的思想开始入手,不要总想着让孩子走到多么远的地方,先把握当下,要看得到孩子到底走到了哪一步。你要先了解孩子,知道他做过了哪些努力,又取得了哪些成绩;你要看看孩子是不是尽力了,看看他是不是在这个努力的过程中感受到了成长的快乐,然后你才能根据他的现状来为他的未来做打算。

妈妈也要能放下,不要关注那么多的"成长标准",没有什么标准是孩子在当下年龄里必须实现的,他的成长规律是独属于他自己的,早一分晚一分都不合适,他的成长需求自然会引导他在合适的时间里绽放。

当然,你也不是不能有稍微高一点的盼望的,你可以给孩子一些鼓励,提醒他"你也可以做得更好一点,要不要试试看"。尽可能用这种温和而又坚定的、建议的语气去和他说,而不是命令他必须做好。毕竟孩子依然处在探索世界的过程中,他可能成功,也可能失败,越是宽松自由的成长环境,反而越能让他尽情释放自己的能力。不揠苗助长,他就能将根扎得更深,未来的成长也就能在更为坚固的基础上不断提升。

第 5 章
提高自己，才有能力教育孩子

还有一种情况，就是一些妈妈本身便对孩子有非常高的期待，这种期待无关乎外人，无关乎其他标准，就是妈妈自己给孩子定下的一个标准。这样的标准对孩子来说才是一种真正的痛苦，因为定下这种高标准的妈妈，对自己的孩子有着超乎寻常的自信，相信孩子一定能做到很多的事情，特别是在孩子按照标准完成的时候，妈妈会觉得自己的孩子潜力无穷，接着便会不断提升内心的标准。

就算孩子真的潜力无穷，但这种非自我意愿的被挖掘，他终究有一天会觉得厌烦，会拒绝表现得好，以此作为对妈妈频繁高标准的反抗。更令人遗憾的是，很多孩子并非那么有天分，妈妈的高标准悬在那里，孩子怎么都实现不了，妈妈便也总处在一种焦虑中。当鼓励不管用的时候，就只能寄希望于吼叫了。而妈妈自己还会觉得，孩子变成了废物，自己则成了失败的妈妈。

仔细想想看，这难道不是自己给自己找了烦恼吗？想要培养孩子的心情是可以理解的，但盲目自信，盲目给孩子"加码"，孩子并不会受益，而是会感到无比疲劳，他觉得成长变成了负担，也就难以自动自发了。

所以到最后，还是需要我们调整思路与想法，别把孩子逼得太紧，在他想要追求的道路上，我们只能提供助力，而不能去做引擎与推动器，要怎么走、走多远，是孩子自己的事情，我们只负责引导、负责给他答疑解惑。而且，越是没压力，孩子反而越能开发出自我的能动性来，这难道不是一件充满惊喜的事吗？何必从一开始就那么紧张不已地高标准严要求呢？还是放松下来，全家都放松下来，才会更容易感受到生活的美好。

紧张的夫妻关系将使孩子终身受害

心理学研究者认为,父母是孩子最好的榜样,孩子天生具有模仿力。家庭中,夫妻意见不统一,甚至发生争吵都是十分正常的,但是切忌当着孩子的面发生争吵。当着孩子的面吵架,不仅会对孩子的情绪和个性产生危害性的影响,更会让孩子产生模仿的心态,这对孩子以后的人生观会产生很不利的影响。总之,父母尽量避免在孩子面前争执,如果偶尔出现了争执,那么一定要注意到孩子的情绪,给予及时的安慰和开解。

父母是孩子最先学习的对象,有的父母总是嫌弃自己的孩子脾气很暴躁或者是无法跟同龄的孩子友好相处,而有的孩子从上学开始就不断地跟其他的小朋友发生矛盾,其实这些都和父母是分不开的。孩子的性格形成很大一部分原因是由于受到了来自父母的影响,如果父母总是产生矛盾,而不管孩子在不在场,那么,最终孩子的情绪和性格必然会产生不良的发展趋势。

夫妻吵架过程中,往往会因为激烈的争吵而失去理智,难听的话也会脱口而出，有的夫妻甚至还会用暴力来解决问题。要知道孩子的模仿能力是非常强的，父母吵架时的样子他们都有去学习，也很可能会付诸实践。日后孩子在参加游戏的时候，很可能会对着小汽车破口大骂，或者是对同龄的小朋友说粗话、脏话。

母亲们也许时常会这样向父亲们抱怨："你儿子的脾气真是跟你一模一样，都这么臭，说发脾气就发脾气，在幼儿园也没法儿跟其他小朋友相处，天天打架，真不知道这孩子到底是跟谁学的。"而爸爸们也会抱怨："你看你儿子动不动就哭鼻子，像个小女孩似的，一点儿男子汉的样子都没有。"其实，孩子的脾气不好易怒易冲动，都是跟大人们平常的样子有关系。如果天天看大人们吵架，孩子又怎么可能不是这种性格？更为重要的是，在孩子看到父母吵架的时候，往往会产生一种畏惧和恐惧的感觉，这种感觉会让孩子感受不到安全。于是，在生活中，孩子在遇到一些具有威胁性的事情时，自然就会哭泣，这完全是因为比较恐慌和害怕。

在生活中，父母在孩子面前发生矛盾究竟会给孩子带来哪些不良影响，并且要做出怎样的补救措施？

1. 使孩子的情绪受到强烈冲击

平日里，父母会对孩子十分疼爱，孩子对父母自然会充满依恋。但是如果夫妻发生矛盾，甚至是吵架，往往会吵得脸红脖子粗。这种巨大的转变和反差，自然会让孩子产生恐慌，出现强烈的恐惧心理。有的父母吵得激烈的时候，迁怒到孩子，会对孩子直接发脾气，这会让孩子感觉是自己做错了事，爸爸妈妈已经不爱自己了，继而产生恐惧、焦虑、无助等消极情绪。对于这种情况，父母一定要在吵完架之后，跟孩子做思想上的沟通，跟孩子说明白，父母的吵架并不是因为他，尽量化解孩子紧张和恐惧的情绪。

2. 给孩子做了一个坏榜样

孩子的成长并不是被动的，他们每时每刻都在观察学习。父母的任何行为，都可能会成为孩子学习的目标。在孩子听到父母吵架时过激的话语时，很可能会模仿，在以后的生活中，对其他的同龄小朋友用这些过激的话语。因此，父母一定要注意自己的言语，当发现孩子用些不恰当的词语时，一定要去纠正。

3. 影响孩子的性格

在不和睦的家庭中生活的孩子，通常都具有很强的攻击性，整个性格发展会变得扭曲畸形。如果父母不能够改善这种环境，那么最终会让孩子变得自私冷漠，甚至对任何人都不会产生信任。

当父母在发生矛盾之后,要及时地对孩子的情感进行疏导,让孩子的内心重新被温暖所包围。孩子需要从家庭中得到温暖,这种温暖幸福的环境才会让孩子感受到快乐。

如果父母总是吵吵闹闹,那么带给孩子的不仅仅是那种紧张的气氛,更会让孩子变得压抑。家长们自然都希望自己的孩子能够开心快乐地成长,这是毋庸置疑的。但是有的妈妈却认为只要给孩子提供了丰厚的物质生活他们就能够开心起来,这种观点自然是不正确的。一个家庭的和谐才是影响孩子成长的关键因素,家长们必须努力去为孩子创造一个和谐的家庭环境。

第6章

面对挫折，教孩子学会坚强

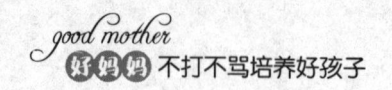

孩子有自信，人生更辉煌

张新颖的妈妈是一位普通家庭主妇，她始终对未来充满着信心。女儿刚出生的时候，她就对她寄予厚望，并相信她将来会有所作为。

当张新颖开始上小学时，妈妈就不允许她说"我不行""这太难了"一类的话。妈妈经常给她讲许多名人成功的故事，帮助她正确认识自己，树立良好的自信心。

妈妈经常教导张新颖要有自己的想法和主见，要扬长避短，对自己从事的工作要充满信心。她告诉女儿，如果一个人不正确地认识自己，不知道自己的优势，只知道一味蛮干，是难以拥有自信心的，也难以取得成功。

张新颖在学校表现优秀，后来也在工作中取得了很大的成就。回顾自己的成长经历，她说："我母亲的教诲是我成功的基础，我所获得的自信是我制胜的秘密武器。"

自信，简单地说就是相信自己，相信自己的选择是正确的，相信凭借自己的能力足以达到最终的目标。

自信是一种态度，是个体在学习与生活过程中逐渐形成的一种性格品质。自信来源于对自己的正确评价，来源于清楚地认识到自己的优势和劣势，从而相信自己能够取得胜利的一种人生态度。

没有自信就不可能取得成功。如果孩子不相信自己能取得成功，那么他们就不会为这个目标而勤奋努力，就不会克服重重困难，直至获得成功。

美国有位学者曾说：自信是能力的催化剂，信心能把人的一切潜能都激发调动起来，并将身体各部分的功能调整到最佳状态。因此，妈妈应该注重培养孩子的自信心。

每个孩子都有对自己充满信心的时候，但是要想让孩子在面临所有困难与挑战的时候都能自信，就需要妈妈有意识地培养，使孩子这种自信的态度成为其一生的习惯。

妈妈要帮助孩子正确地认识自己，在学习中扬长避短，对自己充满信心。没有人是天生自信的，自信来自妈妈有意识的培养和鼓励。

妈妈应该指导孩子选择自己擅长的科目和领域，认准自己奋斗的方向，并鼓励他们不断克服人生路上所面临的各种挑战，从而培养良好的自信心。

自信心是每个人事业成功的支点，一个人若没有自信心，就不可能大有作为。有了自信心，孩子就能把阻力化为动力，战胜各种困难，敢于夺取胜利。

相信自己的前提是了解和认识自己。如果一个人连自己的长处、短处都没有认识清楚，那是不可能有自信的。妈妈应该帮助孩子正确地认识自己的优点和不足，指导他们扬长避短，获得成功。

周瑜是个四年级的孩子。她很有舞蹈天赋，但是却很不擅长记忆和学习。因为学习成绩不好，班里同学都不喜欢她，使得她对自己也没有信心。

妈妈知道后，便告诉她："没有人是十全十美的，也许你学习成绩比不上别人，但是跳舞你就比别人强啊！"

周瑜听了妈妈的话，觉得很有道理。从此，她变得自信起来，积极参加学校的活动。在一次文艺演出中，她出色的表演获得了大家的赞赏，班里的同学都主动和她热络起来。

每个人都有自己的长处和不足，妈妈应该指导孩子多发扬自己的长处，不要总盯着自己的不足之处，否则孩子会变得非常不自信，这不利于他们的健康成长。妈妈应该告诉孩子，没有人是十全十美的，从而指导他全面客观地评价自己。

鼓励就像雨露和阳光一样，能滋润孩子的心田，让孩子在快乐中健康地成长，不断地提升自己。

没有人能够随随便便成功，成功的路上充满了荆棘和泥泞，妈妈应该做孩子的啦啦队长,一直为他加油鼓劲。

刘军今年12岁,是个六年级的孩子。他的学习成绩一直不太好,因此,他变得沉默、自卑。妈妈知道后,便亲自监督起他的学习来。

有一次,刘军做了10道数学题,只对了1道。妈妈检查完后,没有给刘军错的题画叉,而是在对的题上画了个大大的钩。她笑着鼓励儿子:"做得好!"

受到鼓励的刘军非常开心,他又充满信心地继续做题。慢慢地,刘军的学习成绩有了很大提高,也变得更加自信了。

每个人都有失败和失误的时候,妈妈应该多鼓励孩子、相信孩子,这样才能让孩子相信自己。有时候孩子做错题只是一时的,如果妈妈一味责备,只会伤害孩子的自信心。

妈妈应该布置一些孩子容易达成的目标,让孩子在成功的喜悦中获得自信。

没有人能在一夜之间成为天才,因此,妈妈在为孩子设置目标时,一定要注意难度适中,善于将长期的目标分解为阶段性的目标,让孩子在一个个成功的喜悦中,保持着充足的自信心,慢慢地走向成功。

积极的心理暗示,能极大地激发孩子对取得成功的信心。妈妈应该巧妙地利用心理暗示,鼓励孩子不断地进步和提高。

语言对人的影响是巨大的,每天让孩子对自己说"我能行""我很聪明"之类的话,能极大地增强孩子的信心。

当孩子没有信心的时候,妈妈要告诉孩子"你能行",并引导孩子对自己说"我能行"。妈妈可以让孩子每天早晨起床后对着镜子里的自己说"我能行""我可以做到"等话,来对自己进行积极的暗示。

任何克服困难获得的成功,都可以让孩子产生愉快的心理体验,使他变得更加自信。当孩子写好一篇字帖、做对了一道题时,这些微小的成功都可以让他获得成功的喜悦,从而使其对自己充满信心。

乐观的心态让孩子的人生充满阳光

陶菊的腿天生有点儿残疾,走路时忽高忽低。小时候,常有人嘲笑她,好几次,她都是哭着跑回家的。

妈妈又心疼,又着急。妈妈知道,这个残疾会伴随她一生,所以决定"我一定要帮她树立自信"。

一天,妈妈带她去植物园,园里有一大片向日葵地,陶菊看着金灿灿的花,说:"真美。"那时是早晨,花儿都低着头。

她们接着看了其他植物,还爬了山。中午,母女俩下山时,又看到了这片向日葵。此时,它们全仰头向天,面向阳光。陶菊第一次见到这种情景,她惊呆了。

妈妈说道:"小菊,人生总有阴暗的一面,但妈妈希望你像向日葵,哪儿有阳光,你就面向哪儿,因为只有这样,才能让人生开花结果。"

陶菊知道妈妈话中的深意,也记住了这一天。

妈妈经过观察,发现陶菊擅长画画,就大力支持她学画画。

陶菊越画越好，也越来越有自信。

乐观，是一种人生态度，召唤着人积极上进。

乐观是一种心态。事情已经如此了，无论悲或喜，都无法改变。但是，积极或消极的心态，会对未来的状况产生很大的影响。

乐观精神的意义也正在于此。提倡孩子乐观，正是培养孩子积极的一面。乐观的心态，能将事情向积极、有利的方向推动；相反，消极的行动，会让事情恶化。

孩子在成长过程中，难免会遇到挫折，如果不能乐观相待，就会被失败阻碍前进的步伐。在困境中寻找希望，在绝境中寻找生机，用乐观的心态来做事，孩子才能早日走向成功。

孩子如果缺乏乐观精神，任何一个小挫折，都会成为灭顶之灾。那些因为小事而轻生的人，正是因为缺乏乐观的精神。

所以，妈妈一定要从小培养孩子乐观向上的人生态度。

妈妈身上的乐观品质，能感染到孩子，因此，要培养快乐的孩子，自己首先要做个快乐的妈妈。要多在孩子面前展现出快乐的一面，例如：平常和家人讲讲笑话；孩子犯错了，也不要严厉相待，换一种轻松的方式来交流，效果会更好。

暖暖不小心打翻了玻璃杯，水全洒在桌子上了。妈妈见了，马上拿毛巾擦，边擦还边开了一句玩笑，暖暖马上跟着笑了，紧张的心情也缓解了。

第6章
面对挫折，教孩子学会坚强

妈妈常常在家里开玩笑，爷爷、奶奶都常被她逗乐。妈妈也常遇到不开心的事，但她总会用笑声来面对。暖暖很喜欢妈妈，言行中不知不觉也有了她的风范。

有几次，暖暖考试考差了，心情很不好。妈妈见了，就陪她聊天，讲讲生活中的小事。暖暖认识到，任何事都有输有赢。想到这些，她的心情也好多了。

乐观的人生态度，需要一种乐观、积极的家庭氛围来培养。妈妈要做个乐观的人，用自己的言行来感染孩子。孩子受到熏陶，自然会渐渐养成这种心态。

孩子总会面临一些挫折，那么应该如何面对挫折呢？妈妈要教孩子乐观的做法，即看到挫折中积极的一面，即使失败了，也要从中收获经验。学会不气馁，才能让事情向好的方向发展。

孔辉是班上的篮球队长。最近，全市中学要举行篮球联赛，他组织队友训练。大家都积极备战，希望取得好成绩。第一轮比赛开始后，孔辉率领的队落后了。他很沮丧，回家后一直在叹气。

妈妈知道情况后，就告诉他："这次失败，正是一个学习的好机会。你可以回忆一下，你这个团队最薄弱的是什么？优势又是什么？要有针对性地训练。"

孔辉受到启发，针对团队的弱势，有所侧重地组织训练。队友们也建言献策，争相提升团队的竞争力。在后来的比赛中，他们取得了好成绩。

在挫折面前，学会寻找积极的一面，正是乐观精神的表现。孩子遇到了挫折，会产生许多负面情绪，容易陷入消极状态。妈妈要及时引导，让孩子能够乐观看待挫折，寻找事情积极的一面。

孩子的业余生活，应该尽量地丰富。妈妈要给孩子自由支配的时间，鼓励、支持孩子的业余爱好。丰富的业余生活，能够最大限度发挥孩子的个性，使孩子愉悦，并形成乐观的心态。

陈东做完作业后，时间就由自己安排了。他常呼朋引伴，约上一帮朋友一起玩。有时候，大家一起玩球；有时候，大家玩打仗的游戏；有时候，还骑着单车去郊游。陈东玩得很尽兴，每天都开开心心的。妈妈见他很快乐，也不随意限制他。

陈东爱好广泛，因此需要单车、溜冰鞋、滑板等。这些，妈妈都满足他。陈东的运动技术不错，常常博得喝彩。这些业余爱好给他带来了自信，让他遇到问题时会更积极乐观地看待。

孩子的生活丰富，事事都能尽兴，就会形成活跃、上进的个性。丰富的业余生活，陶冶了孩子的情操，释放了孩子的个性，形成了孩子乐观的心态。

妈妈一旦察觉孩子被负面情绪包围，可以帮助孩子释放。妈妈可以主动询问，还可以带孩子去游玩，帮助孩子散心。孩子能释放不良情绪，就能重新恢复健康、积极的心态。

第6章
面对挫折,教孩子学会坚强

乐观的人,不是没有挫折,没有烦恼,而是善于处理负面情绪。妈妈要教孩子,有了负面情绪要学会释放、转移,如选择一些自己喜欢的活动、找一个人倾诉等。孩子学会了释放不良情绪,便更容易获得乐观、健康的心态。

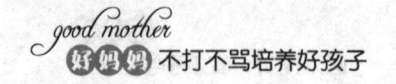

让孩子从照顾别人中得到成长

不仅大人们在工作中需要成就感,孩子在生活中也是需要成就感的。成就感带给孩子的快乐是其他快乐所难以比拟的,也是任何痛苦都掩盖不了的。一个合格的妈妈,应该懂得成就孩子,懂得满足孩子的心理需求,而不仅仅是物质上的满足。

妈妈疼爱孩子是天经地义的事情,但是妈妈们千万不要过分宠爱孩子。如果孩子被你宠爱得不会做任何事情,他们并不会开心,因为妈妈们总是表现出强大的力量,让孩子失去了表现自我的机会,从而总是认为自己是个"弱者"。长大之后,这种思想也会如影随形。最终,孩子变得懦弱,遇到一点点困难就可能让他们精神崩溃。所以说,妈妈们应该适当地满足孩子小小的成就感,让他们知道自己并非什么也做不了,让他们相信自己是最棒的。

当孩子想要帮助妈妈做些事情的时候,妈妈们可能会说:"乖,听话,去一边玩去,让妈妈赶快弄,不要打扰妈妈好不好?"或

第6章
面对挫折，教孩子学会坚强

者是当孩子主动帮妈妈做家务时，妈妈会说："哎呀，我的小祖宗，谁让你拖地的，你干不了这个，赶快去洗洗手，看电视去。"此时，孩子只有乖乖地放下手中的拖布，然后失望地离开妈妈们的视线，妈妈们以为这样是对孩子好，甚至有的妈妈舍不得让孩子做一点点事情，认为孩子还小，应该宠着他们。但是她们忽视了孩子在慢慢长大，他们需要的不仅仅是妈妈的宠爱，也需要自己"宠爱"自己，而最好的办法就是感觉到成就感。

妈妈们可以适当地"装笨"，让孩子帮助自己解决一些简单的问题，适当地满足孩子的成就感。在孩子帮自己做完事情之后，一定不要忘记给予鼓励和夸赞，这样会帮助孩子变得更加勇敢和自信。对于孩子来讲，自信和勇敢是关系到他们以后成功的关键因素。

刘俊霞今天工作很忙，所以让丈夫接女儿回家。她回到家已经是晚上7点了。这个时候，丈夫已经把晚饭做好了，女儿也将作业做完了，她一进门，丈夫就张罗着吃饭。

吃完饭后，丈夫就去看电视了，刘俊霞忙着收拾碗筷，洗碗刷锅，根本没看女儿在干吗，这个时候只听到"砰"的一声，刘俊霞知道肯定是女儿出了什么问题，跑出去一看，是女儿不小心把餐桌上的花瓶打碎了。她看到女儿拿着擦桌布愣在了那里，一动不动，两眼盯着地上的花瓶碎碴儿。因为个子矮，在擦桌子的时候，女儿的衣袖也蹭上了桌子上的油。虽然刘俊霞没有骂女儿,但是她冲女儿说道:"你还小,擦桌子让你爸爸做,看你把花瓶都打碎了,胳膊上还蹭了那么多油,妈妈洗衣服的时候又要花很长时间了。"女儿虽然没有哭,但是很不开心,低着头坐到了沙发上,乖乖地看起了电视。

连着两天,女儿一直不高兴。刘俊霞便问女儿出什么事情了,怎么看起来不开心。女儿说道:"妈妈,前两天媛媛帮她妈妈擦桌子,她的妈妈很开心,就连老师也夸奖了媛媛。但是为什么我帮妈妈擦桌子,妈妈却不开心呢?"刘俊霞终于知道了女儿的心思,也明白了接下来应该怎么做。

第二天下班后,她边做饭边对女儿说:"宝贝,妈妈现在忙着做饭,没时间给花浇水,能不能帮妈妈给花浇浇水呀?"女儿一听,眼睛一亮,开心地答道:"好呀!"说完跑着去给阳台上的两棵茉莉花浇水。之后,刘俊霞夸奖女儿真是能干,女儿自然十分开心,并且自告奋勇说:"妈妈,以后给花浇水的事情,就让我来做吧。"

其实,孩子需要的不仅仅是母亲的百般疼爱与呵护,更需要的是心灵的满足。就如例子中刘俊霞的女儿一样,她只是想要帮妈妈做点事情,想要证明自己也是可以帮助妈妈分担家务的,这种成就感如果得不到满足,那么很可能会影响到孩子以后做事情的积极性和主动性。一个合格的妈妈,应该懂得如何培养孩子勇敢积极的做事态度。一个优秀的妈妈并非是在孩子面前无所不能的人，而是能够适当示弱、满足孩子成就感的母亲。

妈妈应该怎样去满足孩子做事情的成就感呢？

1. 日常生活中，注意自己的语言，千万不要贬低孩子

有的妈妈在日常生活中很少注意自己的言语，比如说当孩子想帮她做些事情的时候，她会说"你还小，这些你做不了"，或者是"别碰，小心把东西摔坏了"，这些话都会给孩子产生消极的做事心态，久而久之，他们也会觉得自己还小，所以什么事情也做不了，对他们的成长自然是不利的。

2. 示弱有技巧，主动恳求孩子去做些事情

妈妈们不要以为自己将所有的事情都给孩子安排妥当，他们就会开心，更不要认为孩子不喜欢做事情。每个孩子都需要成长，而在成长的过程中，最重要的恐怕就是让他们亲自去做些力所能及的事情。所以说，这时候妈妈们不妨假装自己做不了，恳求孩子帮自己做，这样不但能够满足他们内心小小的成就感，还能够培养他们的自信心。

3. 做完事情之后，千万不要忘记夸奖孩子

没有孩子不希望妈妈夸奖自己，当母亲夸奖孩子的时候，他们才会觉得自己所做的是正确的或者是值得的。所以说，妈妈们在让孩子做完事情后，千万不要吝啬自己的夸赞。

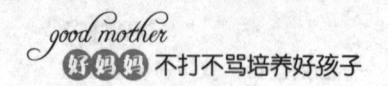

离不开妈妈的孩子无法长大

妈妈对梅梅十分娇惯,从小到大,妈妈基本上是事事包办,连早晚刷牙,妈妈都给她打好水,挤上牙膏。铺床叠被、上学需要带哪些东西等更不用说,一切都是妈妈的事情,都需要妈妈替她安排好,因此梅梅的自理能力非常差。

有一次,妈妈把梅梅送到学校后,忘记告诉她中午吃什么,等到下午放学后妈妈去接她时,一眼就看到梅梅有气无力的样子,妈妈赶快迎上去问她怎么了。梅梅声音很低地责怪妈妈说:"你送我上学时没告诉我中午应该吃什么,午餐我就没吃,现在饿得四肢无力了。"

梅梅的妈妈听完女儿的话,既心疼又难受,同时又恨自己。

梅梅的妈妈心疼孩子饿了几乎一天,又恨自己包揽了一切事情,连她中午吃什么都得指定,因此导致梅梅没有一点自理和独立能力。

现在的家庭,基本上都是一个孩子,妈妈对孩子很是溺爱,认为为他代劳是爱孩子的一种表达方式。因此有关孩子的大事小事,妈妈都包办,这样孩子在不知不觉中就形成了对妈妈的依赖。

还有的妈妈,只关注孩子的成绩,认为孩子只要学习好,将来就会有好前途,与学习无关的一切事情由自己去操劳就行,这样也直接导致孩子"两耳不闻窗外事,一心只读圣贤书",生活各方面的事情也都习惯依赖妈妈,同时精神上也失去了独立。

妈妈爱孩子没有错,在孩子小时候很多事情替他办理也无可厚非,但随着孩子年龄的增长,妈妈就应该开始让孩子学着做各种事情,以培养孩子的自理能力;同时,要教孩子学会思考问题,以使孩子在今后决定任何事情时能有主见。

妈妈要尽量给孩子提供锻炼的机会,凡力所能及的事情,要教孩子学着自己去做。比如孩子手脚灵活后,妈妈就要教孩子学穿衣服,教孩子如何择菜、打扫卫生、铺床叠被等。

妈妈一开始教孩子的时候,不能急于求成,不要怕孩子慢,对孩子要多鼓励表扬、少批评数落。虽然一开始教的时候,可能会耽误一些时间,但孩子学会后,妈妈就能省很多心。

最主要的是,孩子有了自理能力,以后妈妈出门或者临时有事,把孩子一个人放在家里也会放心。

不仅如此,孩子做这些事情的时候,能体会到其中的辛苦,会对妈妈孝顺，也会明白自己是家里的一分子，应该为这个家出一份力，有利于培养孩子的责任心。

孩子从一出生，就会碰到大大小小的问题。面对这些问题，妈妈要教孩子学会自己独立思考，想想如何解决。这不仅能锻炼孩子的思维能力，更能培养孩子的独立精神。

凯瑞是三年级学生，虽然年龄不大，但是很有主见。不管在学校还是家里，不管大事小事，他都能积极地思考，常常有独到的见解和出人意料的解决办法。这些都归功于妈妈从小就引导他做任何事情时都要动脑筋思考。

有一次家里来了个很有学问的客人，看着凯瑞问："曾经有一位名人说：'自己不是在咖啡馆，就是走在去咖啡馆的路上。'你觉得他在说什么？"

凯瑞认真地思考了一下，说："他应该是在说人生吧，不是已经实现了目标，就是正走在实现目标的路上。我觉得他是这个意思。"

客人惊讶地问："为什么这么说？"

凯瑞回答道："您看，咖啡馆是目的地吧？坐在咖啡馆里就是到达了目的地，走在去咖啡馆的路上，就是正在去往目的地的路上。而这位名人很专注，就一个目的地，说明他的目标很明确，就是要把这一个心中的大目标彻底实现。所以他才这么说。"

听了凯瑞的话，客人对他的独立思考能力大加赞赏。

妈妈从小引导孩子多用脑，能够开动孩子的脑筋，使孩子动脑成为习惯。如果妈妈不去引导孩子思考，孩子很少动脑，日常生活中的事情妈妈说什么就认为是什么，学习中遇到了问题也会等待妈妈帮忙，这样的孩子将来很难有所作为。

有些孩子很依赖人，不爱动脑，喜欢什么事情都让别人给自己拿主意。这些依赖别人的行为一旦养成习惯，非一日能够改变。

妈妈需要想办法增强孩子的信心，还要激起孩子的竞争心，这样孩子才可能有所转变。

孩子都有擅长的一面，妈妈引导孩子做他擅长的事情，这样孩子很容易成功，自信也会建立。

同时，妈妈还要根据孩子的性格特点，通过夸奖其他比较独立的孩子，来激起孩子争强好胜的心理。孩子有了竞争心，就会调动身上一切的能量，去学习或者做别的事，依赖的行为也就会停止。

对自己的行为负责，是培养孩子责任心的开始。这是非常重要的一步，因为如果孩子连对自己的行为都不能负责，将来怎么担负起家庭的、社会的责任？

每天天翼放学后，妈妈都会让他拿出作业，然后自己在一边督促他把作业写完。

有一次，妈妈有事不在家，天翼放学后就与小伙伴玩去了，结果忘了写作业。第二天上课的时候，老师把天翼批评了一顿。

天翼回到家后，责怪妈妈昨天出去了，没有督促自己学习，以至于自己忘记了写作业，受到了老师的批评。

妈妈平时没有感觉到什么，听儿子如此说，才知道以前天天陪伴儿子写作业，让孩子依赖上了自己，是一个错误。

于是她对儿子说道："从今天开始，每天放学后你自己做作业，我不再叮嘱你。作业没有做，或者出了什么问题，那是你自己的事情，你应该担负起这个责任。"

结果，天翼从那天开始，真就学会了主动写作业，并且一次都没有忘记过。

孩子依赖妈妈，很多时候是因为妈妈什么都替孩子顶着。妈妈如果不及时纠正自己的做法，很容易使孩子处处依赖妈妈，并且难以担负起对自己及以后对家庭和社会的责任。

让孩子明白挫折是上天给的礼物

如今的孩子都是家里的心肝宝贝，假如他够聪明，学习又好，那他的这种优越感便会在小小的内心中躁动不已。假如一直这样顺利下去，倒也无可厚非，只是天有不测风云，就好比我们成人眼中的多变世界，看起来风平浪静，不知道什么时候就会来一阵风，下一场雨。妈妈应该告诉他，挫折是上天恩赐给我们的礼物，没有摔倒，就不可能变得强大。

放学后，朱朱气嘟嘟地回到了家，一把将书包扔在了沙发上，开始生起闷气来。妈妈看到后，就问："朱朱啊，怎么一回来就生气，发生什么事情了？"

"哼！有什么了不起的，妈妈你知道吗？这学期刚换的那个班主任真是太让人失望了。今天我们班不是要调换座位吗？换就换吧。可是没想到小组长也要跟着调整，结果别的小组长都没动，就把我给撤下来了，我每天都很努力，又没有什么做得不好的，而且前段时间我还受到了数学老师的表扬呢，您说她是什么意思啊？有意见直说啊，这么一弄，跟我犯了什么错误似的，反正我觉得特别没面子。"

"那你想怎么做呢？"

"她的课以后我都不想好好听了，什么班主任啊。"

"那你害的还不是你自己吗？也许班主任不是故意的，况且学习知识是你自己的事，又不是为她，不好好上课不是自己犯傻吗？"

"那怎么办？"

"嗯……要依着妈妈说，保持一颗平常心。从某种角度讲，我倒真要感谢这位班主任呢。她给你上了一次如何处理小挫败的必修课。"

"什么？妈妈还要感谢班主任？"

"她让我女儿提前知道了挫败的感觉。朱朱啊，妈妈昨天看了一个小故事，说大作曲家贝多芬由于贫穷没能上大学，十七岁时患了伤寒和天花病，二十六岁时不幸失去了听觉，在爱情上也屡受挫折。在这种情况下，贝多芬发誓'要扼住命运的咽喉'。在与命运的顽强搏斗中，在乐曲创作事业上，他的生命之火燃烧得越来越旺盛了。逆境不但没有吓倒他，反而成了他获得强大生命力的磁场。

"所以朱朱，挫败有些时候并不是一件坏事，它也可能是上天恩赐给你的礼物，正因为你很出色，才会让你经历更多的

第6章 面对挫折，教孩子学会坚强

挫折来考验你。一个小组长不当了没有关系，但从另一个角度想，这也未必不是件好事，这样朱朱就有更多的时间用来学习，去做更多自己喜欢的事情，这难道不是一种解放吗？依我看，你真应该感谢你的班主任，是她把你从那么多琐碎的事务中解放了出来啊！"

听了妈妈的话，朱朱觉得非常有道理："是啊，我确实解放了，我应该好好学习。对了妈妈，上天会把我塑造成贝多芬那样吗？"

"那就看你喽，看我们的小朱朱能不能经受得住这份天赐礼物的考验喽。"

"嗯，我一定能！"朱朱自信满满地说。

从那以后，朱朱更加努力地学习，成绩由前十提升到了前五，还有一次竟然得了全班第一，所有同学都因此对她刮目相看。

在挫败这件事上，不论大小，心里都不会觉得好受。或许原因并不在自己，却要承担一份突如其来的痛苦。明明自己可以得到的东西，却转眼间成为了别人的心爱之物；明明可以达到的高峰，却因为各种原因被无情地取消了前往的机会；明明再努力一下就可以得到的成果，却让别人一下子捷足先登。是啊，这个世界就是这么爱开玩笑，它会笑着考验你的勇气，考验你的恒心，考验你对待挫折的方式。中国有句古话："天将降大任于是人也，必先苦其心志，劳其筋骨，饿其体肤，空乏其身，行拂乱其所为。"每一个成功的人都不是一蹴而就的，假如他们的人生是一本书，那么从开篇到末尾，最为他们辉煌增色的就是那些饱受挫败的经历。人生没有挫折就不会精彩。

小小的一个挫败，很可能就是一个前进的动力，平和地去接受它，坦然地去面对它，把它当作人生旅途中的一道风景，调整自己的心态，用另一个角度去思考问题，或许这时候会发现原来那些困扰自己的痛苦根本不值一提。

案例中朱朱的妈妈借用贝多芬的故事激励孩子，并在关键时刻用分析的方法解除了女儿的痛苦，引导她从容地面对挫败，积极地面对今后的生活。这必然是一种影响孩子一生的引导，假如想让孩子的人生更加幸福，经受得起挫败的考验，那么就从现在起锻炼他们如何去享受这份上天恩赐的礼物吧。未来的路还很长，让孩子拿出越挫越勇的精神，明天就会一片光明。

所以妈妈应该从小就告诉家中孩子，有挫折的人生往往是最好的人生，挫折是上天恩赐给每一个人的礼物，它虽然会有些隐隐的苦味，但回味起来却是满满的真挚情感。

第6章 面对挫折，教孩子学会坚强

没有超强的承受能力，怎么周游世界

我们都希望孩子有一个美好的未来，当家中孩子长到一定的年纪，我们最爱问他的话就是："长大想做什么啊？"当他们借着这个问题侃侃而谈时，我们的内心也充斥着希望的火苗，那感觉就好像看到了他们的明天。但千里之行始于足下，拥有远大的理想很重要，但为理想不断付出努力更重要，追逐梦想的道路上迟早要经历波澜，当困难的考验来临时，选择前进还是退缩将直接决定明天的自己能不能兑现曾经的承诺。

我们已经经历了人生的很多风雨，现在乃至将来还要继续接受上天的一个个考验。在这样的旅程中，我们经历了坚持到最后获得成功的喜悦，也看到了不少因为一个挫折就一蹶不振的案例。

曾经有人说："小时候很开心，有很多的梦，可越长大越不开心，到了而立之年时开心的时间越来越少，因为感觉距离自己的梦想越来越远。"他们感慨："现实的残酷磨平了我们的棱角，之后才明白，那曾经的梦想不过是自己浅睡时的幻想。"

我们也看到了一些人在自己的道路上越战越勇，尽管经历了大起大落，却依然精神饱满，眼中充满了对明天的展望。

两者相比你肯定希望孩子成为后者。那我们就应该从现在开始行动起来，让家中孩子从小培养这种执着努力的精神，在挫折面前，越战越勇，经受住形形色色的考验。

嘟嘟从小就喜欢画画，她的理想是长大以后成为一名画家，为此，嘟嘟的妈妈为她找了名师，也报了很多画画培训班。起初，嘟嘟的画总是受到老师的表扬，而且多次被纳入少儿画展的行列。但突然有一天，嘟嘟却哭着说不想画画了，这让妈妈很担心。

妈妈问："嘟嘟，为什么不想画画了？"

嘟嘟忧伤地说："妈妈，你请的这个新老师，实在是太严厉了。我不管怎么用心地画，都达不到他的要求，在他的眼中，我的画一无是处。有一次我努力画了好久，他看了以后竟然生气地把画给撕了，还冲我发了一通脾气，说我的画死板，根本不是画画的料。同学们都那么看着我，我当时恨不得一头撞墙死了算了。我真的受不了。"

听了这样的话，妈妈沉默了一会儿说："那嘟嘟的画家梦就这么破灭了吗？你这样轻言放弃对得起未来的自己吗？"

嘟嘟一脸忧郁："可是……可是去那个老师那里上课，就好像待在了地狱。"

第6章
面对挫折，教孩子学会坚强

这时候妈妈说："嘟嘟你知道吗？这个老师的画曾经得过国际大奖，和你以前的老师水平完全不一样，他之所以会这么要求你，是在以一种超出基础水平的层级要求你，这时候指出的问题是毫无恭维的，是赤裸裸的，你要知道，严厉的批评往往胜过表扬。有问题就是有问题，不指出问题怎么会有长进？"

"可我快受不了了。"嘟嘟抱着头说。

"这本就应该是你成为画家所应该承受的东西。"妈妈严肃地说，"不付出代价，怎么能够走向成功。达·芬奇学画的时候，老师让他一个鸡蛋画了无数次，这么枯燥人家也坚持下来了，最后才成为了世界有名的画家。现在老师不过是说了你几次，你就受不了了，想当逃兵，这样的心胸怎么能承载更广阔的世界呢？"

嘟嘟听了妈妈的话后，低下了头。

"所以嘟嘟，不管发生什么，都要具备一定的心理承受力，只有承受了，你才能得到。没有一件事的成功是不需要付出代价的，想成为一名优秀的画家，未来要承受的还有很多。而这位老师的严厉，或许只是你人生旅途中的启蒙教材。勇敢地去接受它，用心地弥补自己的不足，在他的帮助下，让自己越来越强大，这才是你眼下应该要做的事情啊。"

听了妈妈的话后，第二天嘟嘟继续去那位严厉老师的画室学画了。

看了上面的例子，不知道你有没有感触。人生的路上一定会面对很多的挑战，而这一切最初的形态可能会让我们感到痛苦和无助，只有坦然地接受下来，坚持下来，才能积蓄力量冲破虚假的黑暗最终到达光明的顶点。这一切都应该是我们要尽早让孩子知道的，未来的路还很长，想拥有全世界，首先要锻炼的就是自己能够承载全世界的那份难得的承受力。

我们真的不希望自己孩子的明天会因为某个艰难的坎儿而颓废不起，但我们又不能保证自己到时候有办法帮助他们迈过那道鸿沟。我们所能做的就是教会他们勇敢地面对今后的人生，不论是风平浪静还是波涛汹涌，只要坚定自己的目标，就要坦然地去面对，勇于担当，无惧困难，因为这是每个走向成功的人必须付出的代价。

只要坚持不懈，世界上就没有不可能

这个世界上本没有真正意义上的失败，成功的人在人生的旅途中不断地验证着各种走向胜利的途径，尽管这条路走起来并不轻松，时常会因为一个奇特的想法成为别人的笑柄，但是他们还是坚持了下来。正如一位长跑者说的那样："漫长的黑夜你不必去寻觅光在哪里，只要一直向着太阳升起的方向跑，天自然会亮起来。"这其中深深的含义，正是我们对家中孩子最经典的教材，看着他们一天天成长，看着他们趴在窗前面对世界好奇地张望，听着他们嘴边不断涌动的未来梦想，一切仿佛都在说："尽早地告诉他们吧！实现梦想的路上会经历无数次失败的考验，但不要忘记失败是成功之母，只要坚持，世界上就没有什么'不可能'。"

说到把"不可能"变为"可能"这件事，历史上有很多经典的故事，古代老人愚公因为立志世世代代坚持迁移大山，以一种持之以恒的精神感动了天庭；爱迪生经历了一千多次失败点亮了世界；史泰龙经历了无数次拒绝最终荣登影帝；马云熬过了无人问津的年代，终于建立了自己的商业帝国；乔布斯面对种种否定，仅仅说了一句："现在就去做。"这些人之所以能成功，与其说在于智慧，不如说在于坚持。只要肯坚持，保持一颗恒心，最终就一定可以得到自己想得到的一切。

康康特别喜欢棒球运动，理想就是有朝一日成为一名具有一流技术的棒球运动员。但教练对他并不是很看好："你的身材比例不够协调，跑步不快，接球灵活性不高，这些都会影响你在比赛中的表现，而我可不想因为这一切冒险让你上场。如果你一定要当棒球运动员的话，根据我的经验，你可能会一直坐冷板凳。如果是这样，你还愿意继续坚持吗？"教练泼的冷水让康康很难过，回到家哭了很久，闷闷不乐。

"怎么了，康康？"妈妈忙问。

"今天教练说我根本不适合打棒球，说我身材比例不好，反应慢，跑步不快，可能会一直坐冷板凳。你说我该不该放弃啊？"

听了康康的话，妈妈想了想，问："那康康真的想当棒球运动员吗？"

"想，做梦都想。"

"那就不要被别人的话左右了自己的理想。尽管人的先天条件我们决定不了，但是我们可以通过后天努力去弥补啊！跑步的速度是可以通过不断锻炼弥补的，灵活性是可以通过不断练习而提高的，身材是可以通过不断锻炼而结实的。我相信假如康康能够不断坚持的话，总有一天我们可以锻炼到让教练眼前一亮。"

"会吗？可我现在已经落选，已经失败了啊！"

"怎么会？教练不过是告诉康康目前身体上的不足啊！只要我们有针对性地加强锻炼，肯定会有改善的。关键就看康康愿不愿意坚持自己的理想了。再说这点失败算什么，失败是成功之母啊！说不定老天在考验康康呢。"

"真的吗？"

"当然，从今天起妈妈跟你一起去运动锻炼，必要的时候妈妈会找一个最专业的体能教练帮助康康练习，相信过不了多久，我们家康康就会以一个全新的姿态出现在大家面前了。"

"好！我一定会坚持的。"

从那以后，妈妈和康康每天坚持锻炼三个小时，康康的体格也因此有了很大变化，最重要的是，这个小孩子在不断的锻炼中磨炼了自己的意志，现在他已经成为学校棒球队的主力了。

看了这个例子，不知道你有什么新的领悟。孩子最重要的一点就是要有坚强的意志，要勇敢地面对困难，当然也应该以一种平和的心态面对每一次的失败。有些时候，失败仅仅是在告诉我们这条路行不通,但这并不意味着我们理想的大方向出现错误。而这都是妈妈应该介入引导孩子的地方,告诉他们坚持到底的重要,毕竟所有走向成功的人,都是伴随着这样的节奏和步调,一路走来的。